"上海预防中小学生欺凌三年专项计划"成果系列丛书

学生欺凌预防
教育指南

（中等职业学校版）

指导单位：上海市教育委员会

上海预防中小学生欺凌三年专项计划

（2021—2023）项目组 编

上海人民出版社

上海预防中小学生欺凌
三年专项计划（2021—2023）

项目组成员

彭文华　　　任海涛　　　程福才　　　田相夏

李友权　　　乔俊君　　　吕小红　　　周　颖

徐一叶　　　崔仕秀　　　陈仁鹏

《中等职业学校版》编写组

主　编：任海涛

副主编：陈仁鹏　　　程迎红　　　胡新瑞

前言

　　"孩子们成长得更好，是我们最大的心愿。"这是习近平总书记心中的牵挂。党的十八大以来，以习近平同志为核心的党中央从党和国家事业发展的战略全局出发，高度重视未成年学生工作，亲切关怀未成年学生的健康成长，高度重视校园安全工作，强调要为学校办学安全托底，解决学校后顾之忧，维护老师和学校应有的尊严，保护学生生命安全。

　　上海一直高度重视学校安全工作，高度重视学生欺凌的防治工作。总体来看，当前上海中小学校园安全有序，但学生欺凌防治工作仍然不可放松。为进一步完善上海中小学生欺凌防治工作机制，受上海市教育委员会委托，上海政法学院牵头成立"上海预防中小学生欺凌三年专项计划（2021—2023）"（以下简称"专项计划"）项目组，华东师范大学、华东政法大学、上海社会科学院社会学研究所等专业力量共同参与，开展为期三年的专项研究与实践，促进上海进一步构建融师资培训、工作指导、事件处置等于一体的预防中小学生欺凌长效机制。《学生欺凌预防教育指南》包括小学低年级、小学中高年级、初中、高中、中等职业学校五个分册。本分册为《学生欺凌预防教育指南（中等职业学校版）》，服务于中等职业学校（以下简称"中职学校"）的学生欺凌防治教育。

　　中职学校教育作为我国基础教育的重要组成部分，承载着培养高素质技术技能型人才的重任，也是帮助学生迈向成熟、走向社会的重要阶段。然而，中等职业学校的学生（以下简称"中职生"）与普通高中的学生在发展特点和成长需求上存在显著的差异：前者的学业压力与普通高中学生相比较轻，但行为习惯和自我约束能力的培养面临更多挑战。因此，如何在中职教育中科学引导学生行为、有效预防和应对学生欺凌问题，成为新时代教育工作者必须直面的一项重要课题。

中职生正处在人生观、价值观逐步形成的关键时期，自控能力和规则意识尚未完全成熟，加之这个年龄段的学生情绪波动较大，人际关系处理能力仍不够成熟，学生间发生冲突甚至欺凌的概率较大。这种现象不仅影响学生的身心健康，还直接关系到校园安全，更会对学生未来的职业素养与社会适应能力造成深远影响。因此，欺凌防治教育在中职学校中的意义，既在于保护学生的当下权益，又在于为其将来迈入社会、形成健康人格打下坚实基础。

本分册为《学生欺凌预防教育指南（中等职业学校版）》，是专为中职学生编写的欺凌防治教育指南。它基于近年来教育实践中的丰富经验，结合中职学生群体的特点，力图为学生和教育工作者提供针对性更强的指导方案。与其他学段相比，中职学生的校园环境、行为表现和心理需求存在一定特殊性，因此本分册在内容设计上进行了充分的调整，力求贴近实际，解决现实问题。

在结构安排上，本书延续了其他分册的知识体系框架，同时融入了中职学生在学习、生活和实习环境中可能遇到的欺凌问题。全书以"培养规则意识，增强行为自律能力"为核心，重点分析中职生在群体交往中容易发生冲突的场景。通过剖析案例，深入探讨欺凌行为的成因、表现形式及其后果，帮助学生认清欺凌现象的本质，并学会用合法、合理的方式保护自己。

欺凌防治是一项系统工程，离不开学校、家庭和社会的共同努力。在中职学校，欺凌问题的解决更需要构建一个多方协作的长效机制。本书倡导"以教育为先导、以规则为基础、以关爱为核心"的综合治理模式，呼吁学校在制度设计上强化预防性措施，在校园文化中注入更多关怀和包容，同时加强与家庭和社区的沟通，共同营造一个安全、健康、积极向上的学习和成长环境。教师不仅是学生学习的引路人，也是学生行为规范的指导者，因此教师需要在欺凌防治中发挥更积极的作用，掌握识别欺凌、干预冲突的能力。家长作为学生的监护人和支持者，则需要了解学生欺凌的特征与危害，与学校协同配合，共同帮助学生解决欺凌问题。

教育的根本使命，不仅在于传授知识，更在于塑造人格、引导行为。中职生，是未来社会的技能型人才，是建设国家的重要力量。帮助他们在成长中掌握规则意识、增强心理韧性、学会依法维护自己的权益，是每一位教育工作者的责任所在。希望本分册的内容，能够帮助中职生掌握欺凌防治的知识与技能，培养面对人生困难与挑战的积极态度。这不仅是对学生个体的保护，也是对社会长远发展的贡献。我们期待，通过全社会的共同努力，每一位中职生都能在安全、健康的环境中成长为拥有独立人格、坚韧品质和良好职业素养的新时代青年。

本分册主编由华东师范大学法学院教授、博士生导师任海涛（负责大纲编制、统稿以及第八、九、十讲撰稿工作）担任，副主编由华东师范大学法学院讲师陈仁鹏（统稿及第八讲撰写）、上海市黄浦区重庆北路小学原校长程迎红（统稿）、华东政法大学教育法研究院博士生胡新瑞（统稿和第三、四、五章撰写）担任。华东师范大学法学院博士生刘扬撰写第一、二、五、十讲，江苏师范大学法学院副教授刘旭东撰写第三、四讲初稿，华东政法大学教育法研究院博士生竺小缘撰写第六、七、九讲，厦门大学嘉庚学院教授王思杰撰写第六讲。上海市商贸旅游学校教师王建国撰写部分案例，上海市曹杨职业技术学校教师桑志龙、袁紫燕、徐丹、康校博对本分册初稿进行审读并提出修改建议。

目 录
contents

第八讲 反学生欺凌班级文化建设 / 076

人物介绍

李老师

班主任，30岁左右。心思细腻，共情能力强，善于理解学生的感受，能够从学生角度出发帮助学生解决同伴关系问题。

王主任

德育主任，50岁左右。平时不苟言笑，具有威严感。王主任是学校"学生欺凌防治三人工作小组"核心成员，能够公平公正地处理学生欺凌事件，时常第一时间介入学生欺凌事件的处理。

阿蒙

学校学生会主席，平时与同学相处十分融洽，富有正义感，同学发生矛盾时，经常作为中间人对双方进行调解。

小雄

性格内向，沉默寡言，身材特别瘦小。时常有自卑心理，比较孤僻。

小叶子

脾气温和，害怕与人发生冲突。受到言语羞辱、网络诽谤时，始终选择忍气吞声。

胖虎

性格霸道，是学校的体育特长生，经常与周围的同学称兄道弟，认为自己是整个学校的"大哥"，依仗自己身型健壮，经常对周围人和低年级同学实施欺凌。

小夫

胖虎的好朋友，协助胖虎进行欺凌。常常在一边煽风点火，帮胖虎放哨，录制相关视频并传播到社交媒体。

大玲

性格强势，喜欢拉帮结派，经常孤立与自己关系不好的同学，并且时常在社交媒体上侮辱和诽谤其他同学。

红红

与大玲交往密切。为了不被大玲欺凌，努力与其维持关系，时常帮助大玲孤立、言语嘲讽她人。

第一讲　学生欺凌如何来认定

课程目标

1. 掌握学生欺凌的定义及其与学生矛盾冲突的区别。知道认定学生欺凌的三项要素。
2. 懂得欺凌者实施欺凌的个体因素、家庭教育因素、学校教育因素、社会环境因素。
3. 了解学生欺凌对欺凌者、被欺凌者、欺凌协助者、旁观者造成的危害。

课程介绍

　　作为学生，要学会区分哪些行为是同学间的矛盾冲突，哪些行为是学生欺凌，掌握学生欺凌的认定方法。当自己或周围同学遭受欺凌后，要做到及时发现、识别。本讲将重点学习学生欺凌的定义、认定标准及其成因和危害。

第一节　如何认定学生欺凌

情景引入

　　本来十分开朗的小叶子最近变得不爱说话了，课间听不到她的欢声笑语，每次一放学回家她就紧闭房门。父母和朋友都对她的变化感到担忧，可小叶子总是找各种借口说自己没事。这一天，小叶子突然询问父亲能不能转去其他学校上课。意识到问题的严重性后，父母决定跟小叶子好好谈下心。了解后才知道，原来这段时间胖虎一直在欺负小叶子：给她起难听的外号，还经常对她推搡、谩骂，甚至拳打脚踢。小叶子的父母向班主任李老师反映了这件事。经过学校认定，胖虎的行为构成学生欺凌。

请思考：

1. 胖虎的行为为什么被认定为学生欺凌？

2. 学生欺凌有哪些认定标准？

什么是学生欺凌？《中华人民共和国未成年人保护法》第一百三十条第三项将学生欺凌定义为："学生欺凌，是指发生在学生之间，一方蓄意或者恶意通过肢体、语言及网络等手段实施欺压、侮辱，造成另一方人身伤害、财产损失或者精神损害的行为。"学生欺凌有多种表现形式，不仅包括身体上的直接攻击，还包括言语性的侮辱，社交关系上的孤立，网络上的诽谤、诋毁，等等。

虽然学生欺凌的表现形式多种多样，但是也有明确标准对其进行认定。学生欺凌应根据双方的以往关系、日常表现、发生次数、特定情境、师生陈述等情形综合认定，一般应同时具备主体要素、主观要素和结果要素。

一、学生欺凌的认定要素

1. 主体要素：双方都应当是学生

学生欺凌发生在在校学生之间。在本节案例中，小叶子和胖虎都具备学生身份。

学生欺凌可以跨校发生。在本节案例中，如果小叶子和胖虎就读于不同学校，也可以构成学生欺凌。

学生欺凌以"恃强凌弱"为主要特征。欺凌者往往在年龄、身体条件或人数等方面处于强势地位。此外，欺凌者可能因为家庭背景、社会关系等身体条件以外的因素成为强势的一方。在本节案例中，胖虎比较高大健壮，而小叶子作为女生，在身体条件上明显处于弱势。

学生欺凌的角色一般是固定的。在本节案例中，如果胖虎和小叶子之间时常发生强势角色的互换，双方都曾主动挑起事端，那么应当将这种行为看作普通的矛盾冲突，不宜直接认定为学生欺凌。如果胖虎对小叶子实施言语上的攻击，小叶子也通过言语等进行了反击，两人互有往来，那么双方这种"互相攻击"的行为也不构成学生欺凌。

知识拓展

学生欺凌实施主体的常见误区

校外社会人员入侵学校实施欺凌的，由于其不具备学生身份，因此不属于学生欺凌，但属于违法行为及广义的欺凌。

2. 主观要素：欺凌者主观上应当是故意的

欺凌应当是欺凌者有意识的行为。在本节案例中，胖虎对小叶子实施欺凌行为时，有明确目的或恶意动机，内心希望小叶子受到伤害。如果胖虎只是因为走路时不小心撞到了小叶子，或者因为认错人拍了小叶子一下，内心并没有伤害小叶子的想法，也并不希望伤害结果的发生，那么不应当认为胖虎实施了欺凌。但是胖虎长时间恶意辱骂、推搡小叶子的行为显然不是无心之举。

对于欺凌者是否具有实施欺凌的"明确目的"或"恶意动机"，还需要结合双方日常关系、性格特点、发生情景、事后损害结果等因素综合判断。

3. 结果要素：欺凌行为给被欺凌者带来了伤害

学生欺凌会给被欺凌者带来人身、财产或者精神上的损害。在本节案例中，小叶子在遭受胖虎的欺凌后，开始变得内向、忧郁、自我封闭，显然受到了一定的精神伤害。

被欺凌者是否受到精神损害，可通过以下表现来初步判断：以各种理由不愿意到校；不愿意进入厕所或学校僻静角落；性格发生变化；人际关系发生变化等。

小贴士

同学之间起的绰号，如果是出于善意或亲昵，并未给对方造成心理伤害，则不属于学生欺凌；

相反，如果对方对这些带有侮辱性的称呼感到难过、自卑，那么这种行为就可能构成学生欺凌。

二、学生欺凌与学生矛盾冲突的区别

知 识 窗

理解学生欺凌与学生矛盾冲突之间的区别

小夫与小雄在班级篮球赛期间多次进行肢体对抗，小雄在争抢篮球时被小夫不小心撞倒。双方情绪激动，随即发生口角。小夫推搡了小雄一下，小雄踢了小夫一脚，随后马上被老师和同学分开。事后经老师调解，双方都没有把这件事放在心上，仍然像往常一样相处。

在此案例中，双方事先均无伤害对方的故意，小夫撞倒小雄属于不经意的行为，双方是因为参加篮球赛而临时出现纠纷。事后，双方不再持续发生冲突，该事件中也不存在明显的强弱对比关系，两人也都没有再放在心上。因此，这种现象属于学生之间的矛盾冲突，不应当认定为"学生欺凌"。

学生之间难免发生各类矛盾、纠纷、冲突。学校等外部主体之所以要介入学生欺凌事件，主要目的是保护无法脱离困境的被欺凌者。学校在欺凌认定的过程中应当注意，一般的学生矛盾冲突不能划归到学生欺凌的范畴当中，不应当过度介入。学生欺凌是恶性的伤害行为，而学生矛盾冲突是日常行为。

1. 主观上是否有恶意

学生欺凌具备主观故意性，是蓄意、恶意为之。而一般的学生矛盾冲突的发生不是蓄意为之。在本节案例中，胖虎攻击小叶子的行为有针对性的、刻意的，胖虎在实施欺凌前就希望小叶子会因为自己的行为而遭受痛苦；而学生间矛盾冲突的发生往往并不是出于恶意，而是出于一方或双方不经意的过失，或者是由某个偶然事件当场引发。在"知识窗"案例中，小夫和小雄之间在篮球比赛中发生冲突是偶然事件，双方此前都不会预料到。在这种情形下，双方的矛盾冲突不构成学生欺凌。

2. 行为是否存在偶然性

学生欺凌通常可以在几周、几月甚至数年内重复出现，但也有欺凌事件首次出现时性质就非常恶劣，造成严重的危害结果（如被欺凌者被反复掌掴、被逼下跪、被暴力殴打等）。而一般的学生矛盾冲突大多是偶发的行为，可能是因为一方或者双方不经意的过失，或者是因某个偶然事件而当场引发。经过教师调解，当事人双方在未来一段时间内不会再发生冲突。在本节案例中，胖虎对小叶子进行了长期的谩骂和攻击。胖虎的学生欺凌行为可能会持续几周、数月甚至数年。在"知识窗"案例中，经过老师的调解，小夫和小雄两人的冲突就此化解，不会再持续下去。

3. 角色是否固定

学生欺凌会导致双方在冲突期间形成关系上明显的强弱对比。在本节案例中，胖虎不论是在身体力量还是精神力量上，都明显强于小叶子，小叶子是明显的弱势方。但是在"知识窗"案例中，小夫和小雄在冲突中互有攻击，没有明显的弱势方。如果冲突双方时常发生强弱角色的互换，那么应当将这种行为看作一般的学生矛盾冲突，不宜直接认定为学生欺凌。

4. 结果伤害程度

学生欺凌对被欺凌方的精神损害极大，但学生矛盾冲突一般不会在双方的心理上遗留太多的创伤。在本节案例中，小叶子因为长期受到胖虎的欺凌，可能在精神上陷入抑郁，难以展开正常的学习和生活。而在"知识窗"案例中，小夫和小雄都没有受到实质性的身体或精神损害，双方事后均未在意此事，从这个角度看，两人之间也没有构成学生欺凌。

基于上述区别，教师在处理学生欺凌和学生矛盾冲突的过程中也应当采取差异化的应对措施。在学生欺凌事件处置的过程中，教师必须进行主动干预，保护被欺凌者、惩罚欺凌者。而学生矛盾冲突的解决视情况而定，可以由教师引导学生自行解决。

对精神损害结果的判断

被欺凌者人身伤害、财产损失一般为有形的、可见的，较容易判定。复杂的是对精神损害的判定。

对于精神损害的判断，应当尊重被欺凌者的主体性，以其个人感受为原则。《联合国儿童权利公约》第十二条第一款规定："缔约国应确保有主见能力的儿童有权对影响到其本人的一切事项自由发表自己的意见，对儿童的意见应按照其年龄和成熟程度给予适当的看待。"

第二节　欺凌者为什么会实施欺凌

情景引入

胖虎是学校里的活跃分子、社交达人，喜欢结交各路朋友、和他人称兄道弟。他把结交朋友当作找到归属感的方法。渐渐地，胖虎身边形成了一个以他为中心的"小团体"，他非常喜欢这种像明星一样的感觉，觉得自己已经是可以独当一面的"人物"了。当有同学与他产生矛盾时，他会命令自己的"兄弟"都不准搭理这个同学，故意孤立他。

请思考：

1. 胖虎的行为对不对？

2. 胖虎为什么会变成这个样子呢？

任何现象的形成都有其背后的原因，学生欺凌的出现与青少年个体、家庭教育、学校教育、社会环境都有密切关系。

一、欺凌者的个体因素

青少年处于生理和心理发展的不稳定期，容易出现负面情绪或情绪失控。青少年的心智在青春期从稚嫩向成熟过渡。他们的自我意识和独立需求迅速提高，期望获得关注与认可。青春期未成年人的内心是各种矛盾相互交织的：他们想要独立决策，但因为缺乏社会经验、经济无法独立等，很多事情又必须依赖长辈来作出判断。青少年十分期望探索未知，却因为无法预见危险，往往会出现迷茫、畏惧、焦虑等心理状态，因此急于寻找某种方式来证明自身价值。同伴关系是青少年能够自主掌握和决定的，因此他们常常通过拉帮结派、实施欺凌等行为获得存在感。

青少年的心理问题得不到有效解决，会导致欺凌行为的出现。在本节案例中，胖虎没有树立与他人交往的正确观念，会孤立他人，甚至使用语言、肢体等暴力对他人进行威慑，形成不平等关系以获得心理满足。胖虎没有形成完善的世界观、人生观、价值观，会导致他在社会交往行为上出现决策失误。如果他意识不到欺凌行为的恶劣性质，出于"初生牛犊"的心理状态，可能会进一步实施辱骂、殴打等更恶劣的行为。

二、家庭教育因素

家庭教育对于未成年人的性格养成、行为建构等方面的影响是第一位的。尽管青春期的未成年人性格叛逆、不服管教，但是基于先天血缘的父母权威早就为他们构建了生活价值和行为标准。在本节案例中，胖虎会形成这种性格，可能与家庭教育有密切关系。问题学生的背后往往存在一个问题家庭，有的学生父母性格暴躁或有其他缺陷，常常对孩子采取打骂、使用冷暴力等错误教育方式，使其认为攻击、孤立他人是解决问题的有效手段；有的学生来自单亲家庭、留守家庭，容易出现被溺爱或过分忽视等问题。这些可能导致他们更加渴望被尊重、被需要，容易形成我行我素、漠视他人感受的偏执性格。当自身利益受到侵犯时，他们可能会倾向于使用不恰当的方法解决问题。

三、学校教育因素

未成年人在青春期的绝大部分受教育活动和社交活动都是在学校内完成的，学校的道德教育、法治教育对未成年人价值观的培养和习惯的养成十分关键。学校教育和管理环节的缺失将会直接导致学生欺凌在校内的滋生。学校应当注意以下可能引发欺凌的因素：

1. 学校唯分数论的错误教育理念

学校过分强调成绩的教育模式已经无法适应新时代条件下教育立德树人的要求。学校重视学生学业培养的同时，应当加强心理健康教育、生命教育、法治教育，帮助学生发掘个人潜质。以学业成绩为评判的唯一标准会打击学生的自信心，使其变得内向自卑，容易成为被欺凌者；受打击的学生也有可能通过欺凌他人寻求存在感。即使学业成绩优秀，学生也可能会因遭受长期压力而出现诸多心理问题，从而成为欺凌者或被欺凌者。

2. 学校欺凌防治的制度建设不足、处置机制不完善

许多学校因为师资匮乏、理念不清晰等因素，不够重视学生欺凌防治工作。教师和学校管理者尚未树立欺凌防控的责任意识，发生侵害结果后才出面解决问题，且常常采取"和稀泥"的态度。这种放任欺凌的管理态度势必造成欺凌状况的进一步恶化。

四、社会环境因素

学生欺凌的治理需要和谐友善的社会氛围，需要社会各界主体的积极参与。学校周边的营业性的社会场所，也是与未成年人紧密相关的社会场所，是保护未成年人的责任主体。但是有些商铺违法向未成年人销售烟酒，或允许其进入店内进行消费、娱乐，这些场所中往往聚集许多社会闲散人员，未成年学生混迹其中容易沾染不良习气，认为自己已经有"大哥"庇护，进一步在学校内横行霸道、欺辱他人。

此外，网络环境是影响学生欺凌的另一个重要因素。纷繁杂乱的互联网中充斥着大量不适宜未成年人观看的内容，一些充满暴力、血腥、色情、拜金主义等内容的自媒体视频和影视作品可能引起青少年模仿，误导其价值取向和行为模式，容易形成欺辱弱小、歧视贫穷等错误价值观。

第三节　学生欺凌的类型和危害

情景引入

　　小雄最近在学校里遇上了麻烦事。一天体育课上，他在跑步时不小心踢翻了胖虎的水杯。胖虎是年级里的"头号人物"，立刻带人对小雄进行辱骂和踢打，许多同学目睹了这一过程。小夫把小雄被打的视频发到网上，并将视频标题命名为"给XX中学最狂的人一点儿教训"，视频下面充斥着各种嘲讽与侮辱性评论。

　　此后，每次胖虎在学校内见到小雄都会喊他"软骨头"等侮辱性绰号，并时不时拳打脚踢，这给小雄带来极大的恐惧和焦虑。他每天晚上都在焦躁的情绪中难以入睡，夜里也时常因噩梦惊醒。白天，小雄也无法集中注意力听讲，从教室出去时也都是沿着角落行走，生怕再遇到那群人。本就内向的他变得更加不爱说话，甚至萌生了可怕的想法……

　　请思考：

　　1. 小雄受到了哪些形式的学生欺凌？

　　2. 这些行为给小雄带来了哪些影响？

　　在本节案例中，小雄主要受到肢体欺凌、言语欺凌和网络欺凌。学生欺凌最直接的后果是为被欺凌者造成带来人身伤害、财产损失或精神损害。然而这种负面影响不仅限于被欺凌者，欺凌者、欺凌协助者和旁观者也可能受到长久的负面影响。

一、学生欺凌的类型

根据实践中学生欺凌的具体情况，被欺凌者往往会遭遇如下类型的欺凌行为。

1. 肢体欺凌

肢体欺凌是最容易辨认的欺凌类型，也是最引人关注的一种欺凌方式。构成肢体欺凌的主要包括两种情形：第一，以身体攻击的形式侵犯他人，造成其身体或精神上的痛苦，如拳打、脚踢、扇巴掌、摇晃、冲撞、吐口水等。第二，强迫他人做有辱人格尊严或伤害自己的行为，如吃污物、暴露自己身体、剪自己头发、自残等。

部分严重的肢体欺凌会严重损害他人的人身权益，甚至可能构成犯罪。

2. 言语欺凌

以言语的形式恶意或蓄意攻击特定人，如辱骂、恐吓、嘲笑、起侮辱性绰号，以及讽刺他人的外貌、身体特征或家庭背景等就可能构成言语欺凌。言语欺凌不会给人带来直接的身体伤害，但会打击他人自尊，导致其性格封闭、孤僻，造成精神损害。

3. 财物欺凌

故意损毁特定人财物或向其索要钱财就可能构成财物欺凌。包括毁坏特定人的衣服、文具、首饰、电子产品等，或者强拿硬要被欺凌者的物品、金钱。

4. 社交欺凌

通过操纵人际关系，恶意排斥、孤立他人，使其被关系密切的团体（如同小组、同宿舍学生）排斥在外，无法进行正常的社会交往或者参加学校活动就可能构成社交欺凌。

社交欺凌属于学生欺凌中程度较低的欺凌类型，多发生于学生欺凌的初始阶段，但长此以往，社交欺凌依然可以对被欺凌者造成巨大的心理压力。

5. 网络欺凌

故意通过各种网络媒介散播伤害特定人的文字、图片、语音信息或视频等，对特定人进行造谣或者诋毁，传播特定人隐私，就可能构成网络欺凌。例如，通过微信、QQ、短视频等社交媒体平台对被欺凌者展开侮辱和攻击。

随着互联网技术的飞速发展，拥有手机、平板电脑、电脑的学生数量与日俱增，在一定程度上促进了网络欺凌现象的产生。网络欺凌越来越成为学生欺凌防治的重点关注领域。

6. 性欺凌

性欺凌不同于性犯罪，可能构成性欺凌的行为主要包括两种情形：第一，以身体特殊部位为取笑、嘲弄的对象，包括拍摄、散播、描写令特定人不舒服的与性相关的图片、影像或文字等；第二，对特定人的性别特征、性格特点等进行挖苦、嘲笑、威胁甚至做出攻击行为，包括使用言语、肢体等暴力，对特定人实施与性心理有关的欺凌。

知识窗

什么是性欺凌

大玲是一名中职学校的女生，因性格外向，爱好篮球，经常和男生一起打球。由于她身材较为高大，运动表现出色，几名同班男生开始对她的外貌和行为进行嘲笑，称她为"男人婆""假小子"等。起初，大玲选择忍耐，但这些言语攻击愈演愈烈，甚至有人在微信群公然对她进行侮辱。这让大玲感到自卑和焦虑，她逐渐不再参加体育活动，变得沉默寡言。

大玲的朋友注意到了她的情绪变化，在与大玲交流后，他们决定一起向班主任反映这一情况。班主任对几名参与欺凌的男生进行了严肃教育，要求他们向大玲道歉，并深刻反省自己的错误行为。班主任还联系了大玲的家长和学校心理咨询师，为大玲提供心理支持。大玲逐渐走出阴影，重新参与体育活动，恢复了自信。

本案例中，男生对大玲的性别特征进行嘲笑、讽刺，这构成对大玲的"性欺凌"，属于"性欺凌"的第二种情形。

二、学生欺凌的危害

1. 对被欺凌者的危害

被欺凌者是学生欺凌中受伤害最严重的主体，可能受到人身、财产、精神上的诸多伤害。在本节案例中，从人身方面看，小雄被掌掴、拳打脚踢，遭受了身体上的痛苦；从心理上看，如果小雄长期遭受欺凌，可能会产生抑郁、焦虑等心理疾病。他的性格可能会走向两个极端，一是消极自卑、逃避责任、胆小怕事，二是暴躁易怒、欺辱弱小，产生报复他人的心理。小雄成年后，在融入社会时也可能会存在困难，如产生社会疏离、社交焦虑等。

2. 对欺凌者的危害

在本节案例中，胖虎属于欺凌者，但实际上他本身也会受到这种行为的危害。胖虎实施欺凌后，如果在学生时期得不到正确管教，成年后仍可能会使用相同手法与人相处。以此来看，当胖虎的行为得不到控制，暴力行为将会进一步强化，使其形成不良人格，阻碍其形成正确的人际交往观念，最终危害其自身，甚至走向刑事犯罪。

3. 对欺凌协助者的危害

欺凌协助者在参与欺凌行为后，可能会感到后悔、内疚、压抑。欺凌协助者可能担心自己协助欺凌的行为被揭露，受到学校、家庭或社会的惩罚，进而影响日常生活和学习。如果欺凌协助者在实施协助行为后没有受到应有的惩戒，以后可能会转变为欺凌者。欺凌协助者还可能因参与欺凌行为而失去朋友和同学的信任，导致人际关系受损，逐渐丧失正常的社交技能，形成攻击性、破坏性等不良人格。

4. 对旁观者的危害

表面上，学生欺凌似乎并不会对旁观者造成实质影响。但实际上，其受到的负面影响可能甚于被欺凌者。在本节案例中，胖虎欺凌小雄的过程中有许多同学在旁边围观，目睹这一过程的学生也可能受到伤害。

从短期来看，如果旁观者同理心很强，可能会因为自己没有伸出援手，或者害怕遭受同样的欺凌，出现愤怒、悲伤、无奈、自责等负面情绪。

从长期来看，事件发生数年甚至更久后，旁观者还可能会遭受下列负面影响：第一，有的旁观者可能会怀疑自身的能力和价值；第二，有的旁观者受到欺凌者暗示，可能会倾向于使用暴力手段压迫弱小者；第三，有的旁观者可能会产生与被欺凌者类似的反应，大脑中不断重复出现被欺凌者遭受痛苦的画面；第四，严重者可能出现强迫症，不断寻找自我纰漏、进行自我价值否定，做出极端举动。

案例解析

2023 年 3 月，一则女生被迫下跪挨打的视频在网络上流传。视频中，小叶子被其他五六人围住，为首的女生说："你是挨十个巴掌？还是跪下道歉挨一下呢？"无奈，小叶子只好下跪，并被掌掴。为首女生威胁她，如果敢告诉父母或者老师，还会有第二次、第三次。

　　事情的起因是小叶子在课间玩耍时与朋友打闹，开玩笑骂了朋友一句。谁知听者有意，另一名路过的女生认为这是在骂自己，于是纠集五六人在放学后将小叶子堵在小巷中，对小叶子进行了殴打、辱骂，逼迫小叶子下跪，还把整个过程拍摄下来发到网上。

　　小叶子的精神一度面临崩溃。事后，母亲发现其情绪反常，经过一再追问才得知了小叶子的遭遇。小叶子的母亲随即向公安机关报案，公安机关找到当事女生，对其进行了相应处罚。

　　在本案例中，小叶子的遭遇是否构成学生欺凌？请结合本讲的内容进行分析。

法条链接

《中华人民共和国未成年人保护法》第一百三十条第三项

　　学生欺凌，是指发生在学生之间，一方蓄意或者恶意通过肢体、语言及网络等手段实施欺压、侮辱，造成另一方人身伤害、财产损失或者精神损害的行为。

《中华人民共和国未成年人保护法》第七十七条

　　任何组织或个人不得通过网络以文字、图片、音视频等形式，对未成年人实施侮辱、诽谤、威胁或者恶意损害形象等网络欺凌行为。

《未成年人学校保护规定》第二十一条第二款

　　学生之间，在年龄、身体或者人数等方面占优势的一方蓄意或者恶意对另一方实施前款行为，或者以其他方式欺压、侮辱另一方，造成人身伤害、财产损失或者精神损害的，可以认定为构成欺凌。

思 考 题

1. 观看影片《少年的你》，并谈谈自己的感受。

2. 回想一下，你是否曾观察到同学间发生的激烈冲突？如果有，请思考并回答下列问题：

（1）能否使用本讲第一节的相关知识，判断他们之间是否构成学生欺凌？

（提示：根据本讲第一节的内容，分析主体要素、主观要素、结果要素。）

（2）学生欺凌是怎么发生的？其背后的相关原因可能有哪些？

（提示：根据本讲第二节的内容进行分析，可以考虑青少年个体因素、家庭教育因素、学校教育因素、社会环境因素。）

学生欺凌角色知多少

课程目标

1. 理解什么是欺凌者。认识欺凌者的特征。

2. 理解什么是被欺凌者。认识被欺凌者的特征。

3. 理解什么是欺凌协助者，认识欺凌协助者的特征。

4. 理解什么是旁观者，了解影响旁观者行为的因素、旁观者的分类，掌握影响旁观者行为的因素。

课程介绍

学生欺凌中的角色整体上可以分为欺凌者、被欺凌者、欺凌协助者、旁观者四类。但是学生欺凌中的角色并不是一成不变的，在一定条件下可以相互转化。本讲将重点学习学生欺凌的角色分类、定义及其特征。

图 1　学生欺凌的角色分类

第一节　欺凌者

情景引入

　　胖虎从小就比同龄的孩子长得高大，青春期时更是迅速发育，长成了一个"大块头"。胖虎的体育成绩是班里第一名，拔河比赛等体育活动都是由他做主力，胖虎以此为傲，沉醉于体格优势带来的优越感，常说："力量就是真理。"某天体育课上，小雄因争抢篮球与其发生冲突，并直言胖虎平时太霸道。胖虎记恨在心，下课后带领几个"好兄弟"在厕所中堵住小雄并对其拳打脚踢。

　　请思考：

　　应该怎样看待胖虎上述的行为和交往观念？

　　上述故事中，胖虎依仗自己的身体优势，纠集他人对同学实施暴力，是学生欺凌中典型的欺凌者。那么欺凌者的具体定义是什么？像胖虎这样的欺凌者身上通常有哪些特征？让我们一起来学习了解。

一、欺凌者的定义

　　欺凌者是指学生欺凌的主动发起方或主导方，通常会带领其他同伴一起实施欺凌，在学生欺凌中处于绝对的优势地位。

　　学生欺凌的表现形式，不止本节案例中胖虎对他人拳打脚踢这一种。在学生欺凌事件中，欺凌者实施的行为具有明显的攻击性，体现为直接或间接地通过肢体、语言、文字、图画、网络等形式，对他人进行殴打、威胁、恐吓、排挤、侮辱、骚扰、戏弄等。

二、欺凌者的特征

　　与本节案例中胖虎相似的欺凌者，通常都表现出以下特征：

1. 情绪感知和情绪控制能力较差

胖虎被激怒后，没有采取合理的方式化解负面情绪。他难以控制自身行为，采取辱骂、肢体暴力等攻击行为来进行发泄、报复，且其实施暴力往往不计后果。

2. 缺乏同理心，不顾及他人感受

胖虎完全不会理会小雄及其他同学的感受，认为体型不如自己高大、力量不如自己的人都是弱者，活该受到欺负。他不会因为小雄受攻击而产生怜悯之心，反而会从他人的痛苦遭遇中获得快感。

3. 与被欺凌者相比，在某些方面明显处于强势地位

学生欺凌主体之间的不平等可以是身体条件的不平等，也可以是社会关系等条件的不平等。欺凌者往往会依仗自己的身体素质、家庭背景、社交圈子等方面的优势条件，向弱势一方实施欺凌，胖虎就是仗着体格优势欺凌小雄。

知 识 拓 展

青少年犯罪心理学研究表明，个体从正常人向犯罪者转变的过程中，个人的潜在犯罪特质（犯罪易感性）是一项关键因素。从某种意义上看，欺凌是犯罪行为的前身。有研究表明，经常欺凌他人的青少年，成年后的犯罪率是正常人的四倍。因此，必须在早期就对欺凌行为加以遏制。[1]

---

1 王丽萍：《简论学校欺负／受欺负对中小学生的影响》，载《青少年犯罪问题》2011年第6期。

第二节　被欺凌者

情景引入

小叶子是一名学习成绩优异的学生。她性格内向，不善于与人交流，但在学业上表现出色，多次获学校"学习之星"称号。然而，她的出色成绩引发了其他女生的嫉妒心理。大玲嫉妒小叶子的学习成绩，因此在课间和放学时，常常和几个要好的女生，对她进行侮辱、诽谤和威胁，说她"心机很深""表里不一"，并让这些言论在班级和学校内流传，导致小叶子受到孤立。这一情况让小叶子倍感焦虑和恐惧，严重影响了她的学业。

请思考：

1. 小叶子为什么会受到侮辱、诽谤和威胁？

2. 她应该如何应对这种情况？

欺凌者实施欺凌并非出于被欺凌者的过错。上述故事中，小叶子并没有主动招惹大玲，却成为大玲的欺凌对象。

一、被欺凌者的定义

被欺凌者是学生欺凌的受害方，属于弱势和被动的一方，可能受到人身、财产或精神上的损害。

欺凌者与被欺凌者之间，往往存在一定社会联系。双方或者是同校、同班同学，或者因人际交往、学校活动等直接或间接认识对方。小叶子并无任何过错，大玲实施欺凌也没有合理的理由，因此不能将学生欺凌的发生归咎于小叶子。

在遭受欺凌时，大部分被欺凌者的反应是不予理睬或者赶快逃离现场，只有小部分人会进行反击或要求对方停止欺凌。由于被欺凌者可能本身性格内向，加之不愿因此受到同学歧视或排挤，会故意隐瞒被欺凌的事实。这种逃避行为是错误的，会使欺凌无法被及时发现，不利于学校及时介入和处理。

知 识 拓 展

被欺凌者的分类

从欺凌发生的原因来看，可以大致将被欺凌者分为两类：

第一类是被动屈服型。主要是欺凌者主动发难，利用年龄、身体或人数上的优势，使被欺凌者暂时屈服。

第二类是挑衅型。挑衅者出于某种原因主动挑起事端，而后由于事态的变化与力量上的不对等，逐渐演变成被欺凌者。

学生欺凌中的角色具有可变性。欺凌者和被欺凌者的角色界限不是绝对明晰的，可能随着事态的发展而互相转化。

二、被欺凌者的特征

一般来说，被欺凌者的某些特质（如性格、外貌、体型、学业等），会使自己容易成为被攻击的目标。

1.胆小怕事

性格内向的学生面对生理或心理力量严重不对等的局面，往往缺乏反抗的勇气。小叶子在遭受欺凌后，由于害怕被报复或为了维护自尊心，担心引发进一步的冲突，没有选择向家长或老师报告，只是一味逃避、忍气吞声。

2.缺乏自信

被欺凌者可能由于学习成绩、人际交往、兴趣特长、外貌等方面不够突出而缺乏对自我的认同，在日常学习和生活中常常担心他人不喜欢自己，害怕别人的负面评价、害怕与人产生冲突。小叶子尽管学习成绩优异，但实际上并没有从心底树立自信，才会对大玲等人传播的流言蜚语倍感焦虑和恐惧。

3. 缺乏良性沟通

被欺凌者通常不擅长同他人交流，朋友较少或没有朋友。由于缺乏表达负面情绪的途径，被欺凌者更容易受到负面情绪的困扰，时常感到焦虑、不安。小叶子遇到欺凌后没有及时与大玲进行正面沟通，也没有向朋友倾诉，这使得大玲的行为对小叶子造成了更严重的伤害。

第三节　欺凌协助者

情景引入

胖虎对同班同学小雄看不顺眼，经常一有机会就对他进行言语侮辱和身体攻击。小夫和其他几名学生在看到胖虎欺凌小雄时，不仅不制止，反而会在一旁嘲笑、鼓掌，有时还故意堵住小雄去向，帮助胖虎实施身体攻击。久而久之，小雄变得越来越内向，看见胖虎等人就躲着走。

请思考：

应该如何评价小夫和其他几名学生的行为？

上述故事中，小夫等同学除了在一旁嘲笑、鼓掌外，有时还故意堵住小雄去向，帮助胖虎实施身体攻击，导致学生欺凌态势的恶化，可以称为欺凌者的"帮凶"。

一、欺凌协助者的定义

欺凌协助者是会直接参与到欺凌事件中的人，为欺凌者提供不同形式的帮助。

欺凌协助者为欺凌者提供的帮助，包括但不限于控制被欺凌者的身体，阻止被欺凌者逃跑，为欺凌者拍摄、传播、放哨等。

二、欺凌协助者的特征

1. 临时起意

欺凌协助者通常是临时起意加入欺凌的，小夫等学生事先并无欺凌小雄的恶意，却在胖虎实施欺凌时临时起意故意堵住小雄，帮助了胖虎。

2. 易受他人煽动和操控

欺凌协助者通常缺乏坚定的立场和主见，容易受到欺凌者的煽动和操控。小夫等学生就因此向欺凌者提供各种帮助。

3. 旁观者转化

欺凌协助者最初可能是旁观者中的附和者，但在目睹欺凌行为后，出于恐惧、从众心理或对欺凌者的盲目崇拜而转变为欺凌协助者。

小贴士

一味忍让只会助长欺凌者的气焰，换来更深重的痛苦。学生欺凌是我国法律法规明确反对的行为，要积极向老师和学校报告，寻求来自老师和家长的保护，使欺凌者受到应有的惩罚。

第四节 旁观者

情景引入

胖虎在超市意图行窃，被小雄发现并制止。胖虎觉得自己丢了面子，纠集几人准备给爱管闲事的小雄一个"教训"。这天晚自习课间，胖虎几人将小雄带至操场角落，几人开始轮番对其进行掌掴。路过操场的学生有很多，但是有的在远处围观，有的甚至拍手叫好，只有学生阿蒙马上赶到办公室向班主任李老师求助。最终李老师及时赶到制止胖虎等人，并进行了严肃处理。

　　请思考：

　　应该如何评价阿蒙的行为？

阿蒙的行为是正义的举动，他积极介入欺凌事件，及时阻止了欺凌行为的进一步恶化，属于旁观者中的保护者。

一、旁观者的定义

旁观者是并未受到欺凌，但以第三人的视角经历欺凌事件的主体，可以对学生欺凌事件产生重要影响。

以旁观者对待欺凌的反应为标准，可以将其分为附和者、保护者、局外人三种类型，其中"保护者"是积极作为的旁观者，"附和者"和"局外人"是消极作为的旁观者。

1. 附和者

附和者又称"助推者""强化者"。当欺凌行为发生时，附和者会在旁边观看、嬉笑、呐喊助威。这种行为与欺凌协助者的行为都会导致欺凌态势的恶化。一些在操场的同学看到胖虎等人欺凌小雄，反而在一旁拍手叫好，他们就是典型的"附和者"。附和者的行为反映了其缺乏同理心，他们有时是为了避免自己受到欺凌而选择附和。

2. 保护者

保护者是积极作为的旁观者，会主动介入欺凌事件，为被欺凌者提供支持。阿蒙是典型的保护者，他可以选择的行为有多种：在保证自身安全的情况下直接介入，严词要求胖虎等人停止欺凌；选择报告老师，寻求更加强大力量的帮助。事后，阿蒙还可以为被欺凌者提供安慰和帮助。保护者拥有正确的价值观与正义感，富有同情心与责任感，不会漠视、放任欺凌行为的发生。

保护者的作用不容小觑：第一，保护者对同学间矛盾的及时调解，可以从一开始就阻止学生欺凌的发生。第二，保护者在欺凌发生的第一时间积极介入，可以阻止欺凌行为持续进行。第三，保护者对较轻微的学生欺凌的介入，可以避免一般的欺凌向更严重的欺凌转化，比如避免言语欺凌转化为肢体欺凌。

3. 局外人

局外人是在欺凌事件发生时置身事外，不采取任何行动。在一边静静观看小雄被欺负，却不采取任何行动的局外人，可能是胖虎或小雄的同校或同班同学，由于怕惹祸上身，通常在较远处安静观看。局外人的漠视、聚集围观会助长胖虎的表现欲，增加小雄的无助感和羞耻感。

二、影响旁观者行为的因素

1. 从社会交往角度分析

（1）人对某事的责任心会受参与人数的影响

人在独自面对某项工作时责任心会很强，但是需要一群人共同完成某项工作时，每个人的责任就会被分担，个体的责任心就会减弱。在远处观看小雄被欺凌的人越多，每个人伸出援手的可能性反而越低。特别是在网络欺凌中，这种道德冷漠现象在网络空间"虚拟性"的加持下，会变得更加明显。

（2）旁观者与欺凌者、被欺凌者关系的密切程度

现实生活中，每个人都有自己的"好友圈"，旁观者的行为会受到同伴关系的影响。如果有旁观者与胖虎是关系较好的朋友，他们便会选择帮助和支持胖虎，可能会在一边拍手叫好；反之，如果旁观者与小雄是朋友，他们至少不会附和、漠视胖虎实施伤害行为，足够积极的旁观者还会主动帮助小雄反抗胖虎。

2. 从道德观念角度分析

道德观念是影响旁观者行为的重要因素之一。局外人由于道德上的麻木和道德判断上的迟钝，可能会逃避道德行为，在被欺凌者需要帮助时置身事外、漠不关心。道德观念强烈的人能够分辨是非善恶，富有正义感与勇气。阿蒙具有强烈的正面道德观念，所以他会

成为保护者帮助小雄，主动阻止胖虎的不良行为。

3.从外部环境角度分析

（1）班级氛围

如果小雄、胖虎、阿蒙等人所在班级的同学关系冷漠淡薄，那么同班同学在发现小雄疑似被欺凌时大多会选择漠不关心，甚至认为这是一件普通寻常的小事情，并不会产生负面的影响。

（2）家庭环境

家庭在一个人成长的过程中同样起着重要作用。在充满爱与和睦的环境中成长的学生，更能体贴与理解他人，可以站在他人的角度思考问题，大多不会主动挑起事端。遇到疑似欺凌事件时，他们会选择主动制止与报告，并帮助被欺凌者走出困境。

小贴士

任何人都可能会成为被欺凌的对象。当我们发现疑似学生欺凌事件时，要在保证自身安全的前提下勇敢地站出来制止这种行为，在维护良好校园氛围的同时，也降低了自己和周围朋友遭受欺凌的风险，是一种值得赞扬的正义举动。

案例解析

小雄就读于一所中职学校，是一名低调内向的学生，但由于个子矮小，他成了同学胖虎的欺凌对象。胖虎是一名个性强势的学生，小夫是其密友，经常跟在胖虎后面狐假虎威，帮助控制小雄身体，便于胖虎欺负小雄、打砸小雄的饭盒和文具等个人物品。

小叶子是小雄的朋友，虽然对欺凌行为感到不快，但每次看到小雄受欺负时，她都选择逃避，未能及时干预。大玲平时与小雄交往不多，也没有什么过节，但每次看到小雄受欺负时都会在一旁笑眯眯地看，甚至还会拍手叫好。

然而，班级里也有正义的学生。阿蒙对胖虎和小夫欺负小雄的行为感到不满，多次挺身而出制止这些行为。阿蒙毫不犹豫地向胖虎和小夫表示，欺负他人是错误的行为，这些行为将给小雄带来身心上的痛苦，而且严重破坏了班级内和谐友好的氛围。

渐渐地，阿蒙的正义行为得到了大家的认可，其他同学也开始站出来保护小雄。班主任知道此事后，召开了反欺凌主题班会，提高了大家对欺凌行为的认识，并鼓励大家勇敢地向欺凌行为说"不"，共同营造和谐友好、互相尊重的班级氛围。

1. 请分析本案例中的构成主体，包括欺凌者、被欺凌者、欺凌协助者、旁观者（包括附和者、保护者、局外人）。

2. 简要概述各角色所采取的行动，运用本讲所学的知识分析一下，他们为什么会这样做？

法条链接

《中华人民共和国预防未成年人犯罪法》第二十八条

本法所称不良行为，是指未成年人实施的不利于其健康成长的下列行为：

（一）吸烟、饮酒；

（二）多次旷课、逃学；

（三）无故夜不归宿、离家出走；

（四）沉迷网络；

（五）与社会上具有不良习性的人交往，组织或者参加实施不良行为的团伙；

（六）进入法律法规规定未成年人不宜进入的场所；

（七）参与赌博、变相赌博，或者参加封建迷信、邪教等活动；

（八）阅览、观看或者收听宣扬淫秽、色情、暴力、恐怖、极端等内容的读物、音像制品或者网络信息等；

（九）其他不利于未成年人身心健康成长的不良行为。

《中华人民共和国预防未成年人犯罪法》第三十八条

本法所称严重不良行为，是指未成年人实施的有刑法规定、因不满法定刑事责任年龄不予刑事处罚的行为，以及严重危害社会的下列行为：

（一）结伙斗殴，追逐、拦截他人，强拿硬要或者任意损毁、占用公私财物等寻衅滋事行为；

（二）非法携带枪支、弹药或者弩、匕首等国家规定的管制器具；

（三）殴打、辱骂、恐吓，或者故意伤害他人身体；

（四）盗窃、哄抢、抢夺或者故意损毁公私财物；

（五）传播淫秽的读物、音像制品或者信息等；

（六）卖淫、嫖娼，或者进行淫秽表演；

（七）吸食、注射毒品，或者向他人提供毒品；

（八）参与赌博赌资较大；

（九）其他严重危害社会的行为。

思考题

1. 你在自己的学校中是否目睹过或听说过欺凌事件？如果有，请简述事件发生的大致经过，并分析学生欺凌中的不同角色。

2. 思考一下，如果你在校园中成为疑似欺凌事件的目击者，你会采取怎样的行动？请描述你的反应和所采取行动的理由。

3. 如何在校园内倡导友善、尊重和理解的良好氛围？请提供至少三种具体做法。

（提示：开展主题班会、讲座等教育活动，制作反学生欺凌宣传栏、文化走廊，成立反学生欺凌校园宣讲队，成立矛盾纠纷解决的学生组织，等等。）

被欺凌者如何来应对

课程目标

1. 学习被欺凌者应对学生欺凌的策略。
2. 了解教师在防治和应对学生欺凌中的作用。

课程介绍

　　被欺凌者是学生欺凌中的受害方，中职生需要掌握应对学生欺凌的具体方式，以及如何协助他人应对学生欺凌。本讲将重点学习被欺凌者应对学生欺凌的主要路径、免遭学生欺凌的具体方法等。

第一节　被欺凌者应当如何应对学生欺凌

情景引入

　　有一天体育课后，胖虎和小夫决定找小雄的麻烦。他们将小雄逼到操场的角落，胖虎威胁小雄交出零用钱，小夫则在一旁用手机录制视频，还时不时煽风点火。回到教室后，小雄找到了李老师，李老师耐心地倾听小雄诉说，鼓励小雄勇敢表达自己的感受，并承诺会帮助他解决问题。最终，胖虎和小夫受到了应有的惩戒。在这起事件中，小雄学会了在面对学生欺凌时如何寻求帮助，并且得到了老师和同学们的支持。

请思考：

1. 如果你是小雄，面对胖虎和小夫的欺凌时，你会采取哪些措施来保护自己？

2. 如果小夫将录制的视频发到互联网，小雄应当如何处理？

面对欺凌，有很多科学的方法可以帮助我们化解困境。一方面，要在事前进行预防，避免成为被欺凌的目标；另一方面，要掌握自我保护的方法，并采取适当的措施予以回击。

一、学生欺凌的事前预防

1. 友善待人，避免与他人发生冲突

用微笑和友善去感染每一个人，遵守班纪班规，与他人交流时尽量做到和善，从源头降低自己和他人发生冲突的概率。

2. 树立积极的心态，培养自信心

外表懦弱、自卑的学生，往往更容易被排挤和欺凌。因此要树立积极的心态，培养自信心。不要小看自己，每个人都有自己的闪光点。想象自己是个"超级战士"，自信满满，这样别人也不敢轻易小瞧你。遇到困难时，勇敢地向老师和同学寻求帮助，敢于表明自己的态度。

3. 融入集体，多交朋友

很多被欺凌者在遭受欺凌时没有同伴出面相助。因此，同学们要积极融入集体，与同伴相互交流，互相帮助。遇到困难时，真正的朋友一定会及时伸出援手。

4. 选择正能量伙伴，共同成长

选择能带来正能量的朋友，与尊重自己人格、关心自己发展的朋友一起健康快乐地成长。

5. 加强体育锻炼，增强身体素质

体育锻炼有助于增强个人自信，也有助于提高自我保护能力，通过有氧运动和力量训练，增强身体素质，降低自己遭受学生欺凌的概率。

二、被欺凌时的灵活应对

1. 应对肢体欺凌的策略

当疑似遭遇肢体欺凌时，首先应当选择迅速逃离现场。"好汉不吃眼前亏"，逃离现场并非懦弱的体现，而是机智的应对方式。如果无法逃离现场，应当选择尽量拖延并适时发出求救信号。在迫不得已的情况下，可以作出回击，采取正当防卫，但正当防卫应当以足以阻止对方的欺凌为限。

小贴士

正当防卫是有限度的，在迫不得已展开正当防卫时，一定要注意这个限度。经过正当防卫，如果对方停止了欺凌行为，那么此时自己也应当停止防卫行为。在对方停止欺凌行为的状态下，如果自己仍然对对方施加武力，那么很有可能构成防卫过当，对此要承担法律责任。

2. 应对言语欺凌的策略

当疑似遭遇言语讽刺、侮辱时，首先应当保持自身情绪的稳定，不能让欺凌者实现造成他人心理痛苦的企图。其次，面对过分的言论，要适时展现反对的态度，明确要求对方停止。再次，与欺凌者展开直接的沟通亦是必要的，要选择适当的时机坦诚向对方表达自己的意见，并询问对方这样做的缘由。很多时候，真诚的交流沟通可以"化敌为友"。最后，当上述手段都无效时，应当及时寻求外部力量的帮助，请老师和家长等及时介入。

3. 应对财物欺凌的策略

当疑似遭遇财物欺凌时，要清楚地告诉对方，自己的金钱和财物是私人财产，借用金钱、财物或其他花销都需要经过你的同意。强取他人财物是违法的。如果不得已借金钱、财物给他人，或者被迫支付某项费用，应当及时保存相关证据，作为日后维护自身权益的依据。如果财物欺凌涉及严重的威胁、勒索或偷窃，可以报警处理。

4. 应对社交欺凌的策略

当疑似遭遇社交欺凌时，应当保持冷静，避免情绪化反应。欺凌者往往希望看到被欺凌者因为受到孤立而痛苦，这时可以尽量用幽默或机智的方式回应，打破对方的预期。同学们可以参加自己热爱的活动或社团，建立积极的社交圈，增强自信，减少负面社交对自己的影响。

5. 应对网络欺凌的策略

当疑似遭遇网络欺凌时，应当立刻停止与欺凌者继续互动，也不要在网上继续传播相关内容。要第一时间联系相关网络平台的后台管理人员，要求其对欺凌的相关言语或视频等作出处理。同时，应马上联系对方（如果知道对方真实身份的话），告知其应当承担的后果。在网络后台管理人员删除相关信息后，如若对方还在继续实施该类行为，则应当立即寻求老师、学校或公安机关的帮助。

6. 应对性欺凌的策略

当疑似遭遇性欺凌时，不要因为羞耻或被对方威胁而不敢告诉他人。要记录下事件的时间、地点、详细经过及相关的人员，留存相关证据，作为后续调查和制裁欺凌者的依据。不要独自承受心理压力，要勇于寻求朋友、家人或老师的支持和帮助。

同学们，每个人都有责任维护校园的和谐。当学生欺凌发生时，不要害怕，勇敢站出来，用智慧和勇气保护自己和他人，共同创造一个没有欺凌的校园环境。团结就是力量，让我们携手前行，让学生欺凌无处藏身！

第二节　教师如何保护被欺凌者

情景引入

最近，李老师发现小雄情绪低落，上课时也总是心不在焉。经过细心观察和同学反映，李老师发现胖虎和小夫经常对小雄进行言语上的欺凌。

李老师主动找小雄聊天，了解他的想法，鼓励他积极参与班级活动，融入集体。李老师特意安排了阿蒙与小雄结为学习伙伴，希望通过阿蒙的正义感和其良好的人际关系，帮助小雄增强自信心。李老师还找到了胖虎和小夫，针对他们的错误行为进行严肃批评，给予了应有的惩戒。与此同时，李老师开展了一次关于言语欺凌的主题班会，通过生动的案例和互动环节，向同学们阐述了言语欺凌的危害性，并倡导班级同学互相尊重，拒绝使用污言秽语。李老师还组织同学们制作了一期黑板报，主题是"拒绝言语欺凌，共创和谐校园"。

请思考：

1. 李老师是怎样保护小雄的？

2. 李老师采取了哪些方式开展班级的防学生欺凌工作？

老师不仅是知识的传授者，更是班级和谐氛围的守护者。面对学生间的小摩擦和大冲突，老师的作用至关重要。这里有一些小妙招，老师应当教给学生，以更好地保护在校园生活中遭遇困扰的同学。

一、应对肢体欺凌

教育学生避免主动招惹比较霸道和强悍的同学，不与同学发生冲突。教育学生不单独去偏僻的场所，上下学和活动时尽可能结伴而行。独自出去找同学玩时，不要走僻静、人少的地方。放学后及时回家，不要在外闲逛。教育学生避免与欺凌者正面冲突。一旦遭遇肢体欺凌，保护好自己，尽快离开现场，并及时将实情报告给老师或者家长。

教师应当建立及时有效的欺凌举报途径，公布自己联系方式并保持畅通。接到举报或者发现肢体欺凌行为后，应当第一时间予以制止。在肢体欺凌发生后，应当首先带离被欺凌者，将欺凌者和被欺凌者从物理空间上隔开，避免两者直接接触。

二、应对言语欺凌

言语欺凌是生活中最为常见的欺凌类型。同学们主要通过口头语言、肢体语言向他人传达信息。言语欺凌尽管不是直接的肢体侵害，却能够给被欺凌者带来巨大的心理创伤。

教师应当从培养学生道德风尚入手，禁止学生使用污言秽语；发现有学生言语攻击他人时要及时制止，并向欺凌者耐心阐释言语欺凌的危害。

教育学生学会简单的回应方法。可以有理有力有节地回应"嘲笑别人的行为是错误的"，要求对方立即停止这种行为；明确告诉对方"不管你说什么，我根本不在乎"，"如果继续这么做，我会告诉老师或者家长，你一定会受到应有的惩罚"。

三、应对财物欺凌

教育学生不张扬、不炫耀。教育学生不要带贵重的财物和大量现金来学校，穿戴和学习用品要符合学生的身份，不攀比、不铺张浪费。

合理标记自己财物。教育学生在自己的物品上进行标记，以免难以辨认同款的文具、书本。

四、应对社交欺凌

社交欺凌往往源自同学之间相互不了解。因此，帮助被欺凌者应对社交欺凌的最有效方式就是提升他们融入集体的能力。教师应当与社交欺凌中的被欺凌者主动沟通，了解其心理状态，鼓励其参与班级集体活动，帮助其更好地融入班集体。同时，可以倡导其他同学与欺凌者展开沟通，促使欺凌者和被欺凌者展开对话，消除潜在矛盾，营造良好的班级氛围。

五、应对网络欺凌

将科学、文明、安全、合理使用网络纳入课程内容，对学生进行网络安全、网络文明和防止网络欺凌的教育，提示学生网络欺凌的常见情况、危害和维权方式，提高学生应对网络欺凌的能力。

教育学生自己分享的内容、所说的话都可能伤害到他人，因此要谨言慎行；遭遇网络欺凌时，注意收集社交媒体上的聊天记录、相关帖子截屏等证据，报警或设法联系网络服务提供者采取删除、屏蔽、断开链接等措施，防止信息扩散。

六、应对性欺凌

定期开展关于生理健康教育、性别平等的教育活动，帮助学生了解自己的身体结构、身体特征，以及涉及隐私的身体部位，增强自我保护意识。减少学生对性的误解和恐惧，防止因无知或误解而引发性欺凌行为。

帮助学生识别威胁、胁迫和其他形式的性欺凌，使学生能够更早地识别不当行为，敢于主动报告，采取措施保护自己或他人。

通过这些方法，帮助学生在校园中建立更加和谐、安全的环境。每个人都是班级大家庭的一员，相互尊重和保护是大家共同的责任。

案例解析

小雄在学校里总是默默无闻，但他的学习成绩一直很优秀。胖虎和小夫嫉妒小雄成绩好，就开始给他起绰号，试图让他感到尴尬。起初，小雄选择了忍耐，但情况并没有好转，反而越来越糟。一天，胖虎和小夫向小雄索要保护费，小雄拒绝了，于是他们开始对小雄进行身体攻击。小雄意识到，他不能再沉默下去，应当寻求帮助。小雄找到了李老师，诉说了自己的遭遇。李老师夸赞了小雄的勇敢，表示学校和老师一定会秉公处理，让小雄不要害怕。李老师联系了负责德育工作的王主任，请学校一起介入处理。王主任迅速介入，和李老师一起对胖虎和小夫进行了严厉的批评和惩戒。他们被告知，欺凌行为是不可接受的，如果再有类似行为，将会受到严厉处分。小雄的故事让其他学生意识到，面对欺凌，沉默不是解决问题的办法。小雄的勇敢，不仅为自己赢得了尊重，还帮助其他潜在的被欺凌者找到了解决问题的途径。

本案例中涉及哪些学生欺凌？如何评价小雄的行为？请结合本讲的内容进行分析。

法条链接

《中华人民共和国未成年人保护法》第三十条

学校应当根据未成年学生身心发展特点，进行社会生活指导、心理健康辅导、青春期教育和生命教育。

《中华人民共和国未成年人保护法》第三十九条第二款

学校对学生欺凌行为应当立即制止，通知实施欺凌和被欺凌未成年学生的父母或者其他监护人参与欺凌行为的认定和处理；对相关未成年学生及时给予心理辅导、教育和引导；对相关未成年学生的父母或者其他监护人给予必要的家庭教育指导。

《中华人民共和国家庭教育促进法》第十六条第五项

关注未成年人心理健康，教导其珍爱生命，对其进行交通出行、健康上网和防欺凌、防溺水、防诈骗、防拐卖、防性侵等方面的安全知识教育，帮助其掌握安全知识和技能，增强其自我保护的意识和能力。

《未成年人学校保护规定》第二十二条第二款

教职工发现学生有明显的情绪反常、身体损伤等情形，应当及时沟通了解情况，可能存在被欺凌情形的，应当及时向学校报告。

思考题

1. 请分析为何针对性的学生欺凌行为会长期存在？哪些因素、环节出现了问题，从而导致欺凌的发生和延续？

2. 如果有同学被欺凌，你会采取什么措施？

3. 如何抚慰被欺凌者的心灵，帮助他们重拾信心？

第四讲　旁观者如何来作为

课程目标

1. 了解旁观者对学生欺凌的影响。

3. 掌握影响旁观者行为的心理因素。

4. 掌握对旁观者的教育方法。

课程介绍

每个人都可能是学生欺凌事件的旁观者。了解旁观者的角色和行为，对于预防和应对欺凌至关重要。本讲将重点学习旁观者是如何影响学生欺凌的。

第一节　旁观者对学生欺凌的影响

情景引入

某天下午，操场上聚集了一群学生，其中包括霸道的胖虎和他的铁杆好友小夫。他们堵住了瘦小内向的小雄的去路，胖虎用粗暴的言语辱骂小雄，试图索要"保护费"，周围大多数同学都像小叶子一样害怕地观望，默不作声。此时，学生会主席阿蒙恰好路过，他立刻上前阻止胖虎的行为，并报告给老师。

请思考：

1. 小叶子属于旁观者中的哪类角色？

2. 这类角色对学生欺凌的发展有什么影响？

每个同学都可能成为学生欺凌事件中的观众，旁观者的一举一动、一言一行，都可能成为影响事件发展的关键因素。那么，旁观者到底是如何影响着学生欺凌的呢？

一、旁观者如何影响欺凌行为的持续时间

试想一下，如果学生欺凌事件中有许多旁观者，其中还有人跟着起哄，被欺凌者是不是会觉得特别无助？这种情况下，欺凌者会觉得自己的行为得到了关注，欺凌行为就会持续更长时间，给被欺凌者带来更大的伤害。

但是，如果有同学站出来保护被欺凌者，或者告诉老师，欺凌者就会感到有压力，欺凌行为就可能会很快停止。

二、对学生欺凌治理难度的影响

如果大家都对欺凌行为视而不见，那么这种行为会变得越来越猖獗，治理起来也会越来越难。但是，如果同学们都能站出来反对欺凌行为，欺凌行为就会逐渐减少，治理起来也会容易很多。

从长远来看，旁观者中附和者和局外人的存在会纵容学生欺凌行为的发生，从而导致学生欺凌愈演愈烈，治理难度陡然提升；保护者则会在学生中形成反学生欺凌的良好风气，减少学生欺凌发生的频率，形成友好和谐的校园氛围，有利于各项学生欺凌防治制度的推进落实。

第二节　影响旁观者行为的心理因素

情景引入

　　小雄的父母经常教育小雄，要以同理心对待弱者，敢于向欺凌行为说"不"，在注意自身安全的前提下尽力帮助他人脱离困难处境。一天放学后，小雄经过学校旁边的小花园时，看到一群学生将一个同学围住，并对其进行辱骂、踢打，小雄马上返回学校向德育室报告，被围困的同学得到了及时解救。事后，学校德育室王主任对这群学生

的错误行为进行了通报批评和严肃处理，表扬了小雄及时报告的行为。

　　请思考：

　　什么因素促使小雄积极报告欺凌事件？

　　现实生活中，旁观者选择何种行为，很大程度上受同理心等心理因素的影响，这些心理因素对于推动附和者、局外人转变为积极保护者有着重要作用。

一、同理心：感受他人的痛苦

　　同理心，也就是共情能力，指一个人可以设身处地地理解他人感受的一种能力，旁观者的这种能力对于欺凌行为的进程和发展具有重要影响。在学生欺凌中，旁观者会选择随声附和、熟视无睹，还是勇于制止，很大程度上取决于他们是否具有较强的同理心。如果旁观者能够设身处地地感受被欺凌者的痛苦，就更有可能站出来提供帮助。这种能力可以通过教育和培养来加强，比如开展角色扮演游戏或情感教育课程。

二、个人能力预测：相信自己能够做出改变

　　旁观者要相信自己有能力阻止欺凌行为，这种信心可以通过积极的自我肯定和成功经验的积累来建立。学校可以通过组织反欺凌培训和活动，帮助学生认识到自己的力量，并鼓励他们采取行动。

三、群体意识：选择站在正义的一方

　　群体意识可能会影响旁观者的行为选择。如果旁观者认为支持欺凌者能够获得群体的认可，他们可能会选择沉默甚至加入。在很多学生欺凌事件中，那些冷眼旁观的局外人、煽风点火的附和者，有时并不想采取这类行为。但由于欺凌者与他们是好朋友，处于青春期的这些旁观者，很希望被群体接纳而不是被排斥，所以为了维护这段"友谊"，他们不得不支持欺凌者，选择成为附和者抑或局外人。因此，要培养学生正确的群体意识，在关

键时刻伸出援手，成为保护者，站到正义的一边。

第三节　影响旁观者，培育校园的和谐之声

情景引入

　　小夫的父母向来看重小夫的文化课成绩，至于小夫的业余爱好及思想道德教育，则并不关心。小夫的父母甚至认为，只要学习成绩好，哪怕孩子冷漠自私，也是无关紧要的。

　　请思考：

　　如何评价小夫父母的观点？

　　学校及家庭均有责任对学生开展全方位的思想道德教育。一方面，要鼓励学生敢于在自己遭遇欺凌时说"不"，积极关心其他遭遇欺凌的同学；另一方面，要及时制止学生欺凌行为，防止其未来走上错误的道路。

一、开展学生欺凌防治的专题教育活动

　　学校定期举办关于学生欺凌的讲座和班会，用生动的故事和案例，让大家了解欺凌的严重性。这样，在不公正的事情发生时，同学们就能勇敢地站出来，成为正义的伙伴。

二、培养同理心，从我做起

　　同理心，就是我们常说的"将心比心"，能让我们更好地理解他人的感受。家庭和学校都应该努力培养未成年人的同理心。家长不仅要关心孩子的学业成绩，更要教会孩子如何关心他人，培养正确的道德观念，增强自己的责任感。学校可以组织看望孤寡老人等公益活动，让学生亲身体验帮助他人的喜悦，培养爱心和同情心。

三、提升帮助他人的能力

当学生欺凌发生时，旁观者的态度和行动至关重要。在遇到学生欺凌时，知道如何正确地介入和劝阻，学会倾听和理解被欺凌者的感受，并给予必要的支持和帮助，至关重要。

四、表扬正义行为，明确责任

学校应当表彰那些勇敢站出来充当保护者、制止学生欺凌的同学，给予荣誉嘉奖和人身保护，并鼓励大家向他们学习。对于附和者、局外人等消极的旁观者则应进行批评教育，必要时给予附和者适当的处罚，以明确学校对学生欺凌行为的零容忍态度。

案例解析

小叶子是一个胆小的女生，她害怕与人发生冲突，总是选择忍气吞声。然而，最近她发现自己也成了大玲小团体的欺凌对象。一天，大玲把小叶子推到座位上，对着小叶子进行辱骂，这一举动引起了周围诸多同学的旁观。小雄本想上前阻止，但是怕自己打不过大玲小团体这几个学生，也怕自己会被他们欺负，于是选择了静静旁观；胖虎和大玲是好朋友，于是主动替她们把风，观察是否有老师路过；小夫则在一旁大声叫好，不断说"骂得好""活该"。此时，阿蒙正好从旁边经过，马上主动阻止大玲等人，并迅速将小叶子带离现场，将问题反映给了班主任李老师。

根据本讲所学知识，分析本案例中几位学生分别属于什么类型的旁观者？哪些人的行为应当受到褒奖？哪些人应该受到批评？学校及家庭应当如何帮助学生树立正确的价值观？

法条链接

《中华人民共和国未成年人保护法》第十五条

未成年人的父母或者其他监护人应当学习家庭教育知识，接受家庭教育指导，创造良好、和睦、文明的家庭环境。共同生活的其他成年家庭成员应当协助未成年人的父母或者其他监护人抚养、教育和保护未成年人。

《未成年人学校保护规定》第四十二条

学校要树立以生命关怀为核心的教育理念，利用安全教育、心理健康教育、环境保护教育、健康教育、禁毒和预防艾滋病教育等专题教育，引导学生热爱生命、尊重生命；要有针对性地开展青春期教育、性教育，使学生了解生理健康知识，提高防范性侵害、性骚扰的自我保护意识和能力。

《中华人民共和国预防未成年人犯罪法》第二十条

教育行政部门应当会同有关部门建立学生欺凌防控制度。学校应当加强日常安全管理，完善学生欺凌发现和处置的工作流程，严格排查并及时消除可能导致学生欺凌行为的各种隐患。

《中华人民共和国家庭教育促进法》第十六条第五项

关注未成年人心理健康，教导其珍爱生命，对其进行交通出行、健康上网和防欺凌、防溺水、防诈骗、防拐卖、防性侵等方面的安全知识教育，帮助其掌握安全知识和技能，增强其自我保护的意识和能力。

思 考 题

1. 你自己是否曾经是学生欺凌的旁观者？如果是，你认为你当时属于哪类旁观者？

2. 附和者、局外人、保护者主要是基于什么心态而选择煽动、漠视或积极介入的行为？请具体分析。

课程目标

1. 掌握欺凌者和欺凌协助者实施欺凌的原因。
2. 掌握对欺凌者和欺凌协助者的教育措施。

课程介绍

　　欺凌者是学生欺凌行为的主动发起者或主导者，欺凌协助者则是协助欺凌者实施欺凌行为的人、协助者。为了从根本上减少学生欺凌的发生，除了教育被欺凌者和旁观者如何应对欺凌外，还需从欺凌行为发生的角度出发，对欺凌者和欺凌协助者采取恰当的教育措施。本讲将重点学习欺凌者和欺凌协助者实施欺凌的原因，以及应当对其采取的教育措施。

第一节　欺凌者实施欺凌的原因是什么

情景引入

　　胖虎总是表现出一副事不关己的样子，对班规和校规校纪满不在乎。每当李老师试图纠正他的行为时，他总是以一副蛮横无理、桀骜不驯的态度面对，在平时与同学们相处的过程中，他也经常用暴力手段解决同学之间的纠纷。胖虎似乎沉醉于这种打破常规、成为众人焦点的感觉，仿佛在规则的边缘游走是他获得存在感的方式。

请思考：

1. 学生胖虎为什么会出现上述行为呢？

2. 胖虎这样做可能是出于什么原因？

在学校这个"大家庭"里，同学们相互交往，就像在社会中一样复杂。有时，一些学生会做出欺负别人的行为，背后其实有很多深层的心理原因。

一、吸引注意

想象一下，如果在班级里老师和同学们都不太注意你，你如隐形人般存在，是否会想尽办法引起大家的注意？有些同学可能会通过捉弄同学、破坏课堂秩序或违反校规等行为来吸引大家的眼球。这些同学通常学习成绩一般，不太参与班级活动。教师平时应当特别关注两类学生：一是缺乏学习动力、自我价值感较低的学生；二是表现欲强却难以获得同伴认可的学生。教师可以通过创造展示平台、赋予班级职责等方式让这些学生感受到被重视、被认可，从而引导他们以积极的方式获得关注。

二、追求特权

现实中，一些学生通过获得超越别人的特权来控制班级的同学，成为"领导者"；同时，通过违反规则，甚至和老师直接对抗来彰显自己的力量。实际上，这些行为源于对被排斥的恐惧和对安全感的渴求，因而他们试图通过重构班级秩序来确保自身地位。在这个过程中，欺凌行为通常会经历从言语冲突、肢体对抗到索取财物、谋取私利的演变，最终发展为系统性的欺凌行为，导致班级生态的恶化，进而影响整体学习氛围。

三、发泄不满

学生如果长期处于"压抑"状态，无法通过正当途径实现自我价值，可能就会将欺凌他人视为情绪宣泄的出口，作为对长期遭受不公的一种"反击"。而这些学生的不满可能来源于家庭问题，也可能来自社会的歧视。为转移内心的痛苦，他们倾向于选择相对弱小的同学作为欺凌对象，表现出明显的敌对情绪，具体表现为习惯以自我为中心行事、在集体活动中故意制造混乱或冲突、对同学采取言语侮辱或起绰号等方式进行攻击等，呈现出"唯我独尊"的行为特征。

第二节　如何更好地教育欺凌者

情景引入

　　一天下午，操场上聚集了一群学生，其中包括霸道的胖虎和他的朋友小夫。他们将瘦小内向的小雄围在中间，用粗暴的言语进行辱骂，并试图索要"保护费"。周围的同学有的默不作声，有的则像小叶子一样害怕地观望，不敢插手。此时，学生会主席阿蒙恰好路过，立刻上前阻止胖虎等人的行为，同时对受到惊吓的小雄进行安抚。

　　请思考：

　　阿蒙应当如何帮助胖虎转变其错误观念？

　　上述提到，学校就是一个微型社会，偶尔会出现一些学生出于各种原因实施欺凌行为的情况。面对这种情况，教育工作者应当采取"惩戒与帮扶并重"的策略，在给予必要惩戒的同时，更要通过系统的教育干预，帮助学生认识错误、改正行为，最终实现健康的群体融入。

一、培养欺凌者良好的人际交往能力

　　那些欺负别人的同学，可能在与人交往方面遇到了难题。他们不知道如何与人友好相处，也不懂得如何表达自己的想法与感受。为了帮助他们走出困境，可以从以下几个方面入手。

1. 社交技能培养

通过开设专门的沟通课程，以生动有趣的情景模拟和角色扮演帮助学生掌握基本的社交技能。在课程中，重点训练学生如何通过眼神交流、适时回应等方式积极倾听他人，如何用"我"开头的陈述句表达自己的想法而不伤害他人感情，以及如何在日常交往中使用礼貌用语，并尊重他人空间。

2. 团队协作训练

通过设计多样化的集体活动，让学生在实践中学会合作。具体可以通过组织小组课题研究，让学生分工合作完成调研任务，并在此过程中学会互相配合；开展篮球、足球等团体运动，让学生在比赛中体会团队精神的重要性；组织班级戏剧表演，让学生在从剧本创作到舞台演出的过程中学会密切配合，培养其团队意识，同时让他们在成功合作后获得成就感，进而改善人际关系。

3. 冲突管理指导

教师需要教会学生如何有效地处理矛盾。首先，帮助学生识别和控制自己的情绪，避免在冲突中失控。其次，训练学生在矛盾中保持理性对话，用恰当的方式表达诉求，同时要让学生明白，当遇到无法自行解决的冲突时，寻求老师或家长的帮助是明智的选择。最后，通过"校园调解员"等方式引导学生寻找双赢方案，而不是一味地坚持己见，使其在实践中真正学会如何化解矛盾。

二、建立对欺凌者的激励和正向反馈

在帮助这些同学改正错误的过程中，我们不能只是批评和指责，更应该给予他们正面的激励和反馈。

1. 及时发现并肯定

教师要善于捕捉欺凌者的积极转变，哪怕是很小的进步。比如，当发现他们主动帮助同学捡起掉落的书本或是耐心倾听他人意见时，要及时给予真诚的表扬。这种即时反馈能让他们感受到友善的行为同样能获得关注和认可。此外，可以通过建立"友善行为记录本"，让学生直观地看到自己的进步，增强改变的信心。

2. 建立阶梯式奖励机制

鼓励欺凌者参与积极的社交活动，例如参与社交技能培训、参加团队活动等。

通过以上方法，可以有效地帮助欺凌者学会积极的社交技能，促使他们更好地融入同伴群体，建立健康、积极的社交关系。

设计循序渐进的奖励方案，将目标分解为小步骤。例如以完成一次完整的团队合作为初级目标，一周内未发生任何欺负他人的行为为中级目标，主动帮助弱小同学为高级目标。每达成一个目标，教师就给予相应的奖励，奖励既可以是小礼物、表扬信、自制证书，也可以是担任班级活动主持人、获得"进步之星"称号等，从而以渐进式的设计让学生感受到成长的成就感。

3. 创造正向体验机会

在日常生活中，教师也要为欺凌者多创造展示正面形象的机会。例如通过担任生活委员、文娱委员等方式，让其参与班级事务管理，或组织"同伴互助小组"，让欺凌者帮助弱小同学，使其在正向体验的过程中重新认识自己的价值，建立起积极的自我认知。此外，教师可以通过展示"优秀学生""技能标兵"等行为榜样的方式，帮助欺凌者学习并模仿良好的行为模式。

三、家校社三方合作教育欺凌者

在欺凌行为防治中，建立家校社联合帮扶纠正机制至关重要，只有三方紧密配合，才能为行为偏差学生提供持续、系统的帮助。

1. 建立常态化沟通机制

学校应当设立专门的家校联络员，通过定期家访、设置家长开放日、构建线上沟通平台等方式与家长保持密切互动。同时，在条件允许的情况下建立"欺凌防治工作坊"，定期邀请家长和社区代表参与，共同分析典型案例，制定个性化帮扶方案。学校的学生欺凌治理委员会应当作为主要负责部门与社区青少年活动中心、心理咨询机构等建立合作关系，通过学校社区联席会议等合作模式，形成"学校—家庭—社区"三位一体的支持网络，制定学生欺凌预防和应对方案，共同解决学生欺凌问题。

2. 开展家庭教育培训

针对欺凌者家庭，可以通过开展"智慧父母课堂"系列培训，帮助家长掌握科学的教育方法。采用案例分析、情景模拟等互动方式，让家长在实践中学习。课程内容至少应涵盖四个重点领域：首先是教导家长如何识别情绪变化和行为模式转变等异常行为信号；其次是指导建立积极的亲子沟通方式，学习使用"我信息"表达法、积极倾听等技巧；再次是帮助制定合理的家庭规则，明确行为边界和奖惩机制；最后是如何通过角色互换等练习培养孩子的同理心，增强对他人的理解。同时，可以受教育区域为单位，建立家长互助小组，邀请有成功教育经验的家长分享心得，形成互帮互助的支持网络，让家长在交流中获得启发。

3. 提供专业支持服务

专业团队可以由心理教师、社工和咨询师组成。心理教师与学生一对一谈心，用专业方法帮他们认识到欺负人的后果，学会控制情绪；同时指导家长，教他们怎么营造温暖的家庭氛围，用正确的方式教育孩子。为了让这些学生感受到正能量，学校可以通过推出"成长伙伴"计划，让日常表现优秀的学生与其成为朋友，社区则通过组织集体活动，以角色扮演、情景模拟等生动有趣的方式教会欺凌者与欺凌协助者如何与人相处，学会换位思考，进而帮助他们改掉坏习惯，重新找到正确的人际交往方式。

第三节　欺凌协助者应当如何进行教育

情景引入

胖虎身体素质好，喜欢通过暴力手段展示自己的权威。小夫是胖虎的同班同学，对胖虎有一定的崇拜心理。小雄常被胖虎嘲笑和排挤。

胖虎注意到小雄有时会独自坐在操场角落，于是想要欺负他以展示自己的"强大"。一天，胖虎找到小夫，声称小雄是"班级的耻辱"，并暗示小夫如果愿意帮忙，就能得到他的认可。小夫起初有些犹豫，但在胖虎的不断诱导和"不帮忙就孤立你"的威胁下，最终答应帮忙。在一次午休时间，小夫在操场周围负责望风，确保旁边没有人经过，胖虎则趁机对小雄进行言语侮辱和身体推搡。

请思考：

可以如何帮助小夫转变其错误的观念和行为？

对欺凌协助者开展帮扶教育是一个复杂但至关重要的过程，旨在帮助他们认识到自己的错误观念和行为，培养同理心和责任感，并引导他们成为积极作为的旁观者。

一、认识错误与反思

教育过程中，教师应当向欺凌协助者详细阐释其行为对被欺凌者造成的多重伤害，并通过展示具体案例数据和被欺凌者自述，使其直观理解行为的严重后果。同时，通过系统讲解《中华人民共和国未成年人保护法》《中华人民共和国预防未成年人犯罪法》等相关法律条文，以及校规校纪的具体规定，明确欺凌协助行为可能面临的法律责任和校纪处分。在此基础上，引导欺凌协助者深入反思行为动机，分析其参与欺凌的心理动因，促使其建立正确的行为认知。

二、培养同理心及责任感

采用角色互换体验法，设计模拟情境，使欺凌协助者亲身体验被欺凌者的处境及感受。在此基础上，通过撰写体验日记、小组分享等结构化反思活动，深化其同理心认知。同时，班主任应当强化校园公民意识教育，让每位学生明确自身负有维护校园安全、促进同伴关系的责任，具体可以通过设计"校园和平使者"等实践项目，让欺凌协助者参与反欺凌宣传活动，在实际行动中培养责任担当。定期组织班级和谐建设活动，使其在正向群体互动中重建价值认知。

三、提供心理支持辅导

建立分级心理干预机制，为欺凌协助者提供系统化心理辅导服务。以情绪疏导、压力管理为初级干预，帮助欺凌协助者处理愧疚、焦虑等负面情绪；中级干预注重自我认知重建，通过个体咨询、团体辅导等方式，提升自我价值感；高级干预则侧重社交技能训练，改善其人际交往模式。同时，在干预辅导后及时建立成长档案，记录其行为转变过程，定期进行效果评估。

案例解析

胖虎和小夫两人曾是朋友，又考入了同一所中职学校。但是这种朋友关系在胖虎看来是不对等的，他始终认为小夫是自己的"小跟班"，自己才是大哥。由此，胖虎对小夫的态度日趋恶劣，逐渐发展为持续性欺凌行为。胖虎不仅经常以威胁的方式向小夫索要零花钱，有时甚至直接强行夺取小夫的财物。更为严重的是，胖虎在公开场合多次羞辱小夫，并起了多个极具侮辱性的绰号，导致小夫在同学中尊严受损，逐渐变得沉默寡言，开始回避集体活动。

然而，胖虎丝毫没有顾及小夫的心情，不仅没有收敛，反而越发严重。于是，小夫终于鼓起勇气，拒绝了胖虎索要零花钱的要求。胖虎顿时恼羞成怒，上前抢夺小夫的书包，小夫不甘示弱，试图阻止。在激烈的争执中，胖虎突然暴起，对小夫进行殴打，直到小夫倒地不起。

在本案例中，胖虎实施了哪些违法行为？可能会承担什么样的法律责任？

法条链接

《中华人民共和国预防未成年人犯罪法》第三十一条

学校对有不良行为的未成年学生，应当加强管理教育，不得歧视；对拒不改正或者情节严重的，学校可以根据情况予以处分或者采取以下管理教育措施：

（一）予以训导；

（二）要求遵守特定的行为规范；

（三）要求参加特定的专题教育；

（四）要求参加校内服务活动；

（五）要求接受社会工作者或者其他专业人员的心理辅导和行为干预；

（六）其他适当的管理教育措施。

《中华人民共和国预防未成年人犯罪法》第三十三条

未成年学生偷窃少量财物，或者有殴打、辱骂、恐吓、强行索要财物等学生欺凌行为，情节轻微的，可以由学校依照本法第三十一条规定采取相应的管理教育措施。

《未成年人学校保护规定》第二十一条

教职工发现学生实施下列行为的，应当及时制止：

（一）殴打、脚踢、掌掴、抓咬、推撞、拉扯等侵犯他人身体或者恐吓威胁他人；

（二）以辱骂、讥讽、嘲弄、挖苦、起侮辱性绰号等方式侵犯他人人格尊严；

（三）抢夺、强拿硬要或者故意毁坏他人财物；

（四）恶意排斥、孤立他人，影响他人参加学校活动或者社会交往；

（五）通过网络或者其他信息传播方式捏造事实诽谤他人、散布谣言或者错误信息诋毁他人、恶意传播他人隐私。

思考题

1. 欺凌者和欺凌协助者可能会承担哪些来自学校的教育惩戒？

2. 为什么我们应该强调"不要成为欺凌者或欺凌协助者"，而不仅仅是"如何应对欺凌"？请解释这一问题的重要性。

（提示：欺凌的出现是欺凌者无法正确处理同伴关系导致的，究其原因是欺凌者的过错。"如何应对欺凌"是事后补救型的教育，而从源头上减少欺凌事件发生，关键在于教育学生"不要成为欺凌者或欺凌协助者"，通过预防性与补救性教育相结合，才能最大程度地减少欺凌行为发生。）

网络欺凌如何来制止

课程目标

1. 理解网络欺凌的定义和特点。
2. 识别网络欺凌的不同形式和危害。
3. 掌握网络欺凌的治理方法。

课程介绍

　　随着科技进步，互联网工具、AI 技术在学生中变得日益普及，为知识获取提供了广阔平台。然而，这一工具的普及也带来了一些负面影响，尤其是网络欺凌现象日益突出。与传统欺凌行为相比，网络欺凌具有匿名性、传播快、影响广等特点，其危害程度更为严重，其中，网络的匿名性和便捷性又为学生欺凌行为提供了温床，中职生由于世界观尚未成熟，容易受到网络不良信息的影响，部分学生甚至在不自知的情况下参与或助长了网络欺凌行为。本讲将重点学习网络欺凌，分析其表现形式和危害，并提供相应的治理建议。

第一节　学生网络欺凌是什么

情景引入

　　在网站上，一位名为"晏就 TT"的博主发布了小叶子的照片，并附上了侮辱性的标签，称她为"绿茶"和"小妲己"。帖子下方，60 多条跟帖充斥着对小叶子外貌和私生活的恶意揣测。性格内向的小叶子因此倍感羞耻，情绪低落。班主任李老师注意到了她的异常，多次与她深入交谈了解情况，提供心理辅导。同时，李老师将该事件上报学校，提供证据向网站投诉，使诋毁、诽谤或抹黑的内容下架，发帖人也受到了严肃的处理。

请思考：

1. 网络的作用和功能是什么？

2. 学生应该如何正确使用网络资源？

网络是人们检索和获取信息资源、开展即时通信、提高工作效率的工具。在使用网络的过程中，应当注意保护个人信息安全，注意网络空间的道德规范，不能将网络空间视作可以恣意妄为的"法外之地"。

一、网络欺凌的界定

网络欺凌是指通过网络或者其他信息传播方式捏造事实诽谤他人、恶意传播他人隐私、散布谣言或者错误信息诋毁他人的行为。在本节案例中，博主"晏就TT"通过网站发布并传播小叶子的负面照片和评论，这种行为正是典型的网络欺凌。

网络欺凌有三种表现形式：一是个人或群体使用语言攻击他人，包括通过微信、QQ、短信等即时通讯工具，或在论坛、聊天室、微博、贴吧、短视频等互联网平台上公开威胁、侮辱、诽谤他人；二是曝光他人隐私，即在网络公共平台上发布、传播他人的私密、敏感信息；三是制造与传播虚假信息，包括拼接图片，或加上侮辱、诽谤性文字散播谣言，发布不实信息，恶意举报或人肉搜索等。

信息技术的快速发展使网络和计算机已成为学生学习生活中不可或缺的工具，这一趋势在提升中职生学习效率、拓展知识视野的同时，也带来了不容忽视的网络欺凌问题。当前，网络欺凌现象在青少年群体中呈现蔓延态势，其影响已超越个体层面，一方面导致受害者受到心理创伤、学业受阻，另一方面引发群体性心理问题，甚至破坏校园文化生态，给学校教育带来了新的挑战。

二、网络欺凌的特点

相较于传统欺凌形式，网络欺凌呈现出独有的特征，其行为模式、影响范围及危害程度均与传统校园欺凌存在显著差异。具体而言，二者差异主要体现在以下两个方面。

1. 不受时间和空间的限制，方式更加隐蔽

传统的欺凌行为发生在现实的时空中，欺凌者的身份是清晰明确的，网络欺凌却发生在虚拟的网络空间中。欺凌者使用网络账号，借用虚拟网络身份即可发动欺凌，不受时间和空间的限制。被欺凌学生在遭受欺凌后，往往根本不知道欺凌者的身份，因此也难以展开救济。

网络欺凌的首要特征在于其隐蔽性和时空无界性。与传统欺凌行为不同，网络欺凌发生在虚拟空间，突破了地理和时间的界限。欺凌者可以匿名或使用虚假身份，通过社交媒体、即时通信工具等平台实施欺凌行为。而这种欺凌的隐蔽性主要体现在三个方面：其一，身份隐匿，欺凌者可以轻易隐藏真实身份；其二，行为隐蔽，网络痕迹容易被删除或篡改；其三，证据收集困难，被欺凌者往往难以确定欺凌者身份，从而导致被欺凌者既无法准确识别欺凌者，又难以收集有效证据，使得事后救济和追责变得异常困难。

2. 形式多样，影响面广，伤害持久

随着互联网技术的快速发展和智能设备的普及，网络欺凌呈现出比传统欺凌更为复杂的特点。与传统的肢体冲突、财物勒索等直接伤害不同，网络欺凌往往造成更深层的精神创伤。值得注意的是，网络欺凌行为往往具有"一次成型"的特点，欺凌行为甚至不需要重复，只需要一次就足以形成网络舆情，造成难以挽回的后果。更令人担忧的是，由于"互联网是有记忆的"，即使承载网络欺凌的信息内容被及时删除，广大互联网用户也可以通过截图、录屏、下载等方式加以保存，并随时二次传播。从教育实践来看，这种"数字烙印"往往会给受害者带来长期的心理阴影。同时，互联网的广泛覆盖性意味着网络欺凌的影响绝不局限于学校或社区，相关信息能够迅速在全国，乃至全球范围内传播，其潜在的危害性极为广泛且不容忽视。

三、网络欺凌产生的原因

产生学生网络欺凌的原因非常复杂，既有社会原因，又有法律困境。

1. 技术发展

当前，在信息技术快速迭代的社会背景下，计算机网络技术、AI技术的应用日益便捷且成本持续降低，青少年尤其是中职生能够更轻松地接触并熟练使用各类网络工具。青少年对新技术具有天然好奇心和快速接受能力，加上流行文化的推波助澜，他们容易形成特定的网络行为模式。然而，部分道德认知尚未成熟的中职生可能滥用网络的匿名特性，将新技术转化为实施欺凌的工具。网络技术特性又为欺凌行为提供了便利条件，使得两类学生群体更容易被卷入其中：一类是道德认知存在偏差的学生，他们可能主动利用网络特性实施欺凌；另一类是自制力较弱的学生，在群体压力或从众心理驱使下被动参与。由此最终导致网络欺凌现象呈现出快速扩散和持续蔓延的趋势。

2. 信息影响

互联网平台信息庞杂，充斥着大量未经筛选、良莠不齐的内容，其中暴力、低俗等不良信息容易对心智尚未成熟的中职生产生负面影响。观察发现，接触过网络暴力内容的学生更容易模仿其中的攻击性行为。而网络中常见的挑衅谩骂、散布谣言、人肉搜索、语言暴力等行为也会产生集聚效应，进一步加剧学生间的欺凌现象。这种网络环境的形成不仅对中职生的心理健康构成了威胁，也为校园的和谐稳定带来了挑战。

3. 规制不足

当前，我国在网络欺凌防治方面的法律规制仍存在明显不足。从立法层面看，虽然《中华人民共和国未成年人保护法》和《中华人民共和国网络安全法》对网络欺凌有所涉及，但缺乏专门性立法，相关规定分散且操作性不强，尤其是对于网络欺凌的认定标准、证据收集规则、责任追究机制等尚缺乏具体实施细则。在执法层面，网络空间的匿名性和跨区域性导致取证困难，超过半数的网络欺凌案件因证据不足而无法立案。在平台监管方面，主要社交媒体虽然建立了青少年模式，但内容过滤效果有限，仅能屏蔽部分不良信息，身份冒用、信息盗取等行为难以得到有效遏制，更有平台为追求流量，对用户注册信息的审核流于形式，从而在客观上为网络欺凌提供了可乘之机。

第二节 网络欺凌的形式和危害有哪些

情景引入

　　小雄是某视频平台的"UP"主，经常发表一些自己生活、学习的心得，在平台上小有名气。小雄的同学胖虎与小雄素有矛盾，经常在视频下进行负面点评。有一次，小雄发布了一段自己学习历史的视频，胖虎便刻意在视频下发表了非常尖锐的嘲讽，还叫了几个"铁哥们"轮番在小雄的作品下发布恶评，同时引导其他网友效仿。这一举动给小雄的生活带来很大困扰，于是他注销了自己的账号，整日郁郁寡欢，萎靡不振。

　　请思考：

　　1. 恶意评论与正常讨论的区别是什么？

　　2. 恶意评论行为是否构成学生网络欺凌？

　　学生正处于思辨能力发展的关键阶段，其认知具有不稳定性。而学校作为小型的社会，其间的人际交往和沟通带来的矛盾与摩擦无可避免。因而，正确处理矛盾、辨别恶意评论行为与正常讨论行为，是目前中职阶段的重要教育内容之一。

一、网络欺凌的表现

　　发生在学生之间的学生网络欺凌，体现了学校生活的若干属性，同时具备网络欺凌的一般特点。学生网络欺凌的具体表现如下：

1. 网络攻击

　　既包括在交流出现争执时向被欺凌者进行的网络攻击，又包括无端挑衅而进行的网络攻击。网络攻击的语言表达往往比较激烈，具有攻击性、粗俗性，甚至有侮辱性、诽谤性。在本节案例中，胖虎在小雄的视频下发表了尖锐的嘲讽，这种激烈的语言表达具有攻击性和侮辱性，符合网络攻击的特征。

2. 网络骚扰

即欺凌者通过网络通信方式和网络平台，向被欺凌者持续发布骚扰、庸俗或含有性暗示的信息，不仅对被欺凌者的心理和情感造成严重影响，还可能对其日常生活和社交关系造成困扰。

3. 网络谣言

即欺凌者通过虚构事实，隐瞒真相，捏造针对被欺凌者的虚假信息，并在网络上加以散布和传播，从而给被欺凌者带来负面影响。

4. 网络冒充

即欺凌者通过盗用被欺凌者身份，或冒用他人身份，在网络上发布信息，造成被欺凌者社会评价降低。

5. 侵犯隐私

即欺凌者未经被欺凌者的同意，将后者的照片、视频、聊天记录等生活隐私，以及各种个人信息公诸网络，从而给被欺凌者造成精神创伤。

6. 网络孤立

即欺凌者有意识地在网络空间建立群组，通过各种方式造成对被欺凌者的孤立。在本节案例中，胖虎不仅自己发表恶评，还组织其他同学和网友效仿，这种行为可能导致小雄在网络空间被孤立，进而对其社交关系和心理状态产生负面影响。

小贴士

利用网络对他人进行诽谤，可能会触犯刑法，从而构成诽谤罪，依法需要承担相应的刑事责任。根据最高人民法院、最高人民检察院《关于办理利用信息网络实施诽谤等刑事案件适用法律若干问题的解释》的规定，具有下列情形之一的，应当认定为《中华人民共和国刑法》第二百四十六条第一款规定的"捏造事实诽谤他人"：

1. 捏造损害他人名誉的事实，在信息网络上散布，或者组织、指使人员在信息网络上散布的；

2. 将信息网络上涉及他人的原始信息内容篡改为损害他人名誉的事实，在信息网络上散布，或者组织、指使人员在信息网络上散布的；

　　3.明知是捏造的损害他人名誉的事实，在信息网络上散布，情节恶劣。

二、网络欺凌的危害

中职生正处于身心发展的关键时期，网络欺凌对其造成的负面影响不容忽视。网络负面影响是多维度的，不仅涉及心理方面，还波及学业发展和经济状况，会对青少年的学习成长造成一系列连锁反应。

从心理方面来看，网络欺凌带来的创伤往往具有持续性和隐蔽性。被欺凌者通常会经受焦虑、抑郁和自卑等显著的情绪困扰，持续的心理压力不仅会导致其出现社交退缩、对人际关系产生不信任感等状态，严重时甚至还会发展为创伤后应激障碍（PTSD），并出现自残行为。

在学业方面，网络欺凌的破坏性影响同样显著。被欺凌者在遭受网络欺凌后，学习动机和效能感会明显下降，具体表现为注意力难以集中、学习兴趣减退和学业成绩下滑等。然而，网络欺凌对被欺凌者学业的危害不仅体现在可能影响其短期成绩，更体现在可能影响其长期的教育轨迹。调查数据显示，遭受网络欺凌的学生中有超过30%的人出现明显的学业退步，其中约15%的学生因此改变了原有的升学计划。

就经济方面而言，网络欺凌带来的损失往往容易被忽视。被欺凌者若选择心理干预，其家庭则需要承担心理咨询费用。生活中，每次咨询费用为数百元甚至上千元，而一个完整的心理干预周期通常需要8—12次咨询。此外，被欺凌者会因心理压力放弃某些学习机会或兼职工作，造成潜在的经济损失。更有甚者为了逃避网络欺凌环境而选择转学，也会产生额外的教育成本。

值得注意的是，网络欺凌的影响具有累积效应。早期的心理创伤如果得不到及时干预，可能会影响中职生个体的人格发展，导致其在成年后仍难以建立健康的人际关系，在职业发展中也更容易遭遇挫折。因此，对网络欺凌的预防及干预不仅关乎每位中职生当下的身心健康，更关系到其长远的成长发展。

第三节　网络欺凌应如何治理

情景引入

　　阿蒙因维护班级秩序与同学胖虎发生争执，胖虎发动小夫等同学在阿蒙的个人微博主页下进行恶意留言，实施语言攻击。遭遇"网暴"的阿蒙深感受挫，意志消沉。班主任李老师发现阿蒙的异常后，多次与之沟通交流。在阿蒙说出事情原委后，李老师立即上报学校有关部门，对实施网络欺凌的学生进行教育惩戒，删除相关留言。以胖虎为首的学生经过认真的反思和检讨，认识到了自身行为的错误性和危害性，决心痛改前非，在班会中正式向阿蒙诚挚地道歉。

　　请思考：

　　1. 网络欺凌的治理和其他学生欺凌相比有什么共同点？

　　2. 网络欺凌与其他形式的学生欺凌有什么区别？

　　网络欺凌发生在虚拟的公共空间，本质上是言语欺凌在网络上的转移，但是在内容、形式上更加多样，在传播上范围广、速度更快，造成的危害结果更加严重。例如，在本节案例中，胖虎和小夫等同学通过网络发布侮辱性评论和恶意留言，迅速传播后，对阿蒙造成极大的心理伤害，胖虎等同学不仅应受到道德谴责，还可能承担相应的法律责任。因此，对于网络欺凌的教育和帮扶，除了包括多方合作实施一般的教育规制措施外，还应当包括教导正确使用网络工具，以提升青少年的网络素养，引导他们形成正确的网络行为习惯。

一、完善组织架构，构建预防网络

　　在治理网络欺凌问题上，完善的组织架构有助于形成全校性防范网络，确保学生在遇到问题时能够获得及时的指导及帮助。因而，有必要成立由党支部书记、校长、法治副校长、德育主任、心理辅导教师、家委会代表、社区代表、法律顾问、学生代表等组成的学校学生欺凌治理委员会，共同关注学生动态，及时掌握并妥善处置学生间的矛盾。

二、强化责任追究，维护校园正义

对网络欺凌者的严肃追责是对被欺凌者的最好慰藉。网络欺凌者虽然具有一定的隐蔽性，但借助现代网络技术，很多欺凌者还是可以被识别的。尤其是在学生网络欺凌中，欺凌者有可能就是被欺凌者的同学，其识别相对容易。在确定欺凌者身份后，学校应当在其权责范围内，依照相关规章制度，对网络欺凌者进行严肃处理，以正视听。已经造成严重后果甚至可能涉嫌犯罪的，应当及时报案，协助调查取证，绝不可以包庇、姑息。在此基础上，学校和教师还应当积极与被欺凌者沟通，进行心理辅导，通过个案辅导、团体活动等方式帮助其早日摆脱阴影，重拾生活的信心。

三、深化网络教育，筑牢思想防线

现代学习和生活中，学生可能并未充分掌握正确使用网络工具的方法，对网络欺凌及相关的网络道德缺乏全面的认识。中职生好奇心强，喜欢探索，又血气方刚，自制力相对薄弱。因此，学校应当开展针对学生"正确使用网络工具，杜绝网络欺凌"的专项教育，或通过开设"网络文明与安全"必修课程，教授中职生网络工具的正确使用方法、网络道德与行为规范、网络欺凌的识别与应对、网络隐私保护技巧、网络法律常识等内容，同时通过案例分析、情景模拟等教学方式，帮助学生树立正确的网络使用观念，提升自我保护能力，从根本上减少学生网络欺凌的发生。

四、健全监测机制，实现早发现早干预

有效的网络欺凌防治依赖于完善的监测预警体系。监测预警体系应当整合教师、学生和技术三个维度的力量：教师方面，着重加强班主任的专业培训，提高其识别和处置网络欺凌的能力；学生方面，通过设立班级"网络安全委员"，培养同伴支持力量，构建学生

互助网络；技术方面，则依托校园网络监控系统，运用智能识别技术及时发现异常行为。同时，为确保监测机制有效运转，需建立 24 小时求助热线、开发校园 APP 举报功能，构建多元化的举报渠道，从而形成全方位、立体化的预警网络，切实做到早发现、早干预、早处置。

五、构建多元共治格局，形成防治合力

网络欺凌与信息技术和社会环境密不可分，因此其治理需要多方共同努力。除了学校之外，国家、政府、家庭和其他社会主体都应尽到相应责任，只有多元主体密切配合，才能尽最大可能避免网络欺凌的发生。

1. 国家

国家通过进一步完善立法，建立与网络欺凌有关的更加完备的法律制度和管理规章，使网络欺凌的治理有法可依。

2. 政府

政府有关部门履行职责，加强监管，密切关注，履行监管职责，发现欺凌情况应当及时解决，不可拖延。

3. 家庭

网络欺凌的防治还需要学生家庭的全面参与。家长应当配合学校，引导学生健康上网。对网络欺凌者严加教育和训导，使之认识到自身行为的严重错误，继而痛改前非；对被欺凌者善加安慰，积极劝勉，使之感受到家庭的温暖，重新振作。

4. 其他社会主体

在社会方面，网络产品和服务提供者、网络经营者须明确自身的社会责任，加强行业自律和内部监管，构建风清气正的网络运营环境。

案例解析

　　小叶子处事正直无私，被推选负责自己年级的卫生、纪律等情况的检查。小叶子在日常中会对存在问题的班级或学生进行扣分，甚至会扣除自己班级的分数，然而这一行为引起了一些同学的不满。大玲、红红等同学将她的名字、家庭背景等公开在网络平台上，并将偷拍照片恶意做成表情包发布，甚至编造其私生活混乱。这些消息迅速在校园内传播，导致小叶子的名誉受损，曾经的好友小雄开始疏远她，其他同学也对她冷眼相待。小叶子因此感到极大的精神压力，只能另找理由推掉了检查的任务。

　　然而，情况并未好转，巨大的落差以及长期被孤立导致小叶子精神不振、学习成绩下降，小叶子父母了解情况后马上联系了学校。学校也在弄清前因后果后，组织全体师生进行了教育大会，并对大玲等同学进行了应有的教育惩戒，同时帮助小叶子和同学恢复了友好的关系。

　　在本案例中，应当对小叶子的伤害承担责任的主体有哪些？请结合本讲的内容进行分析。

法条链接

《中华人民共和国未成年人保护法》第七十三条

　　网络服务提供者发现未成年人通过网络发布私密信息的，应当及时提示，并采取必要的保护措施。

《中华人民共和国未成年人保护法》第七十七条

　　任何组织或者个人不得通过网络以文字、图片、音视频等形式，对未成年人实施侮辱、诽谤、威胁或者恶意损害形象等网络欺凌行为。

　　遭受网络欺凌的未成年人及其父母或者其他监护人有权通知网络服务提供者采取删

除、屏蔽、断开链接等措施。网络服务提供者接到通知后，应当及时采取必要的措施制止网络欺凌行为，防止信息扩散。

《未成年人网络保护条例》第二十六条

任何组织和个人不得通过网络以文字、图片、音视频等形式，对未成年人实施侮辱、诽谤、威胁或者恶意损害形象等网络欺凌行为。

网络产品和服务提供者应当建立健全网络欺凌行为的预警预防、识别监测和处置机制，设置便利未成年人及其监护人保存遭受网络欺凌记录、行使通知权利的功能、渠道，提供便利未成年人设置屏蔽陌生用户、本人发布信息可见范围、禁止转载或者评论本人发布信息、禁止向本人发送信息等网络欺凌信息防护选项。

网络产品和服务提供者应当建立健全网络欺凌信息特征库，优化相关算法模型，采用人工智能、大数据等技术手段和人工审核相结合的方式加强对网络欺凌信息的识别监测。

· 思 考 题 ·

1. 面对网络带来的巨大信息量，我们应当如何分辨虚假信息与真实信息？这些虚假信息形成的原因有哪些？

（提示：根据本讲第一、二节的内容，探讨网络欺凌中涉及的信息是否符合虚假、不实信息的特征，学会区分不同形式的网络欺凌，并讨论这些行为是如何发生的，可能的原因有哪些？）

2. 是否曾看到有同学在网络上发表伤害他人的言论？如果有，你是如何使其意识到这种行为后果的？你又是如何获得关于网络道德和责任感的知识？

（提示：首先，根据本讲第一节的内容，考虑主体要素、主观要素、行为要素和结果要素，判断这些行为是否符合网络欺凌的定义，分析你所观察到的行为是否构成网络欺凌。其次，根据本讲第二节的内容，分析对欺凌者、被欺凌者、欺凌协助者和旁观者可能产生的危害。最后，结合本讲法条链接的内容，了解《中华人民共和国未成年人保护法》和《未成年人网络保护条例》中关于网络欺凌的相关规定。思考这些法律如何保护自身免受网络欺凌的伤害？他们应该如何利用这些法律来维护自己的权益？）

3. 根据本讲的内容，思考学校、家庭和社会可以采取哪些措施来预防网络欺凌？学生可以做些什么来提高自己的网络素养和保护他人的权益？

（提示：根据本讲第三节的内容，可能包括国家立法、政府监管、家长参与及行业自律等方面。）

4. 作为中职生，当自身或身边的同学、朋友遭遇网络欺凌时应当怎么做？

（提示：第一时间保存证据；要求网络产品和服务提供者采取删除、屏蔽、断开链接等措施；及时报告家长、教师、学校，严重时应当联系公安机关介入。）

第七讲　欺凌责任严重吗

课程目标

1. 学习教育惩戒责任的定义及其规范依据。

2. 学习民事责任的定义及其规范依据。

3. 学习行政责任的定义及其规范依据。

4. 学习刑事责任的定义及其规范依据。

课程介绍

　　学生欺凌是一个非常严重的社会问题，不仅会对被欺凌者的身心健康造成严重影响，还会为校园秩序，甚至社会秩序带来负面影响。在欺凌事件中，学生欺凌行为涉及的法律责任包括教育惩戒责任、民事责任、行政责任和刑事责任。教育惩戒责任强调学校对欺凌者进行纪律处分，目的是纠正欺凌这一错误行为，使其回归正轨；民事责任意味着欺凌者及其监护人对被欺凌者的人身、财产或精神损害须承担法律责任，旨在尽可能地修复由欺凌行为造成的损害；行政责任涉及对欺凌者的行政处罚，以维护行政管理秩序；刑事责任则是依照刑法规定追究实施犯罪欺凌者的法律责任，从而发挥刑法的法益保护与规制功能。本讲将重点学习学生欺凌行为涉及的各类法律责任，包括教育惩戒责任、民事责任、行政责任和刑事责任。

第一节　何为教育惩戒责任

情景引入

　　放学后，在学校操场的角落里，胖虎等学生将小雄团团围住，对小雄进行了言语辱骂和推搡、踢打，还有人用手机拍摄了这一过程，上传到班级群中。这一幕被巡视的德育室王主任看到，王主任立刻上前制止了这些学生的行为，经学生欺凌防治三人小组评估后将情况报告给学校学生欺凌治理委员会，并建议对涉事学生进行教育惩戒。欺凌治理委员会经认真调查、召开评估会议、确认了欺凌行为的事实后，迅速采取了一系列措施：组织召开全校师生大会，公开讨论学生欺凌问题，强调学校对此类行为的"零容忍"态度；对胖虎等涉事学生进行教育惩戒，要求其在全校师生面前对小雄进行公开道歉，接受行为矫治教育；给予其批评、训诫和留校察看的纪律处分。

　　请思考：

　　1. 认定为学生欺凌后，学校应该如何对涉事学生进行有效的教育和纠正？

　　2. 学校应该如何平衡教育惩戒与心理健康的关系？

一、教育惩戒的定义

　　2020年12月23日，教育部颁布《中小学教育惩戒规则（试行）》，首次以部门规章形式明确了教育惩戒的法律地位和操作规范。其对教育惩戒进行了明确界定，指出教育惩戒是指学校和教师基于教育目的，对违规违纪学生进行管理、训导或者以规定方式予以矫治，促使学生引以为戒、认识和改正错误的教育行为。

　　《中小学教育惩戒规则（试行）》强调教育惩戒并非简单的惩罚，而是具有教育性质的一种手段。实施教育惩戒应遵循教育性、合法性和适当性原则，确保其符合教育规律、法治原则，并与学生的过错程度相匹配，从而实现教育的育人目标。将教育惩戒纳入法治轨道，有助于规范学校教育管理，确保教育惩戒的合法性、适当性和教育性，从而有效推动学校全面贯彻党的教育方针，实现立德树人的根本任务。

二、教育惩戒的规范依据

学生欺凌的治理要求对欺凌行为实施教育惩戒。2016 年 11 月，教育部等九部门发布的《关于防治中小学生欺凌和暴力的指导意见》指出，对实施欺凌和暴力的中小学生应当给予适当的教育惩戒，强化教育惩戒的威慑作用。2017 年《加强中小学生欺凌综合治理方案》也强调要强化教育惩戒的作用，给予欺凌者适当的惩戒。《中华人民共和国未成年人保护法》《中华人民共和国预防未成年人犯罪法》及《中小学教育惩戒规则（试行）》均规定可以对实施欺凌的学生进行教育惩戒，为学校的欺凌处置工作提供了参考标准和法律依据。

根据《中小学教育惩戒规则（试行）》，按照学生欺凌行为违规违纪的严重程度，教育惩戒可以分为不同级别：

1. 一般教育惩戒

对于情节较为轻微的学生欺凌行为，教师当场采取教育惩戒措施，如点名批评、责令赔礼道歉、做口头或书面检讨、适当增加额外的教学或班级公益服务以及课后教导。例如，在本节案例中，针对胖虎等学生对小雄的日常言语辱骂和轻微推搡，王老师可以当场采取批评、责令道歉及要求做书面检讨等教育惩戒措施。

2. 较重教育惩戒

对于情节较重或者经当场教育惩戒拒不改正的学生欺凌行为，学校可以采取由学校德育工作负责人予以训导，安排接受专门的校规校纪、行为规则教育，暂停或限制参加校外集体活动，以及承担校内公益服务任务等方法。

3. 严重教育惩戒

对于情节严重或者影响恶劣的学生欺凌行为，学校可以采取不超过一周的停课或停学，要求家长在家进行教育，由法治副校长或法治辅导员予以训诫，安排专门课程，由专业人员进行心理辅导和行为干预等方法。法治副校长应在处置过程中发挥专业和经验优势。对于情节严重或屡教不改的学生，可以给予警告、严重警告、记过或留校察看的纪律处分，中职教育阶段还可给予开除学籍的纪律处分。对有《中华人民共和国预防未成年人犯罪法》中规定的"严重不良行为"的学生，学校可以配合家长和有关部门将其转入专门学校进行教育矫治。在本节案例中，鉴于胖虎等学生对小雄实施身体攻击和通过网络平台进行恶意诽谤等行为，学校还可以决定对其实施不超过一周的停课措施，要求家长在家中对其进行必要的教育和引导。这样的安排旨在使胖虎等学生深刻反思其不当行为，同时给予小雄一个安全的环境，帮助他从这次学生欺凌事件中恢复过来。

第二节 何为学生欺凌中的民事责任

情景引入

在学校里，小夫作为胖虎的忠实跟班，经常协助胖虎实施欺凌行为。由于需要经常为胖虎"跑腿"，小夫选择内向的小雄作为自己的欺凌目标，以此来巩固自己在胖虎面前的地位。此后，小雄被迫每天为小夫买饮料零食、整理橱柜等，稍有不顺意，小夫便对其进行辱骂、殴打。这些连续的暴力和侮辱行为对小雄的身心健康造成了极大伤害，他甚至出现了焦虑、抑郁等心理问题。得知这些情况后，小雄的家长感到非常痛心和愤怒，认为小夫应当为其行为承担法律责任。因此小雄的家长向法院提起诉讼，要求小夫及其监护人为小雄所遭受的身体伤害和精神痛苦赔礼道歉，并给予相应的经济赔偿。

请思考：

1. 在本案例中，小夫的行为在法律上如何定性？

2. 根据《中华人民共和国民法典》的相关规定，小夫及其监护人应承担哪些民事责任？

一、民事责任的定义

民事责任通常指民事主体因不履行或不完全履行民事义务应承担的法律后果。依据不同的标准，民事责任可以分为不同的责任类型。如根据责任内容有无财产性，民事责任可分为财产责任与非财产责任；根据责任产生的原因，民事责任可分为违约责任、侵权责任和其他民事责任；根据责任者之间构成的关系，民事责任可分为按份责任和连带责任；根据责任的构成是否以过错为要件，民事责任可分为过错责任和无过错责任。

而在学生欺凌事件中，如果欺凌行为造成被欺凌者的人身损害、财产损失或精神损害，欺凌者及其监护人可能需要承担民事责任，应承担的民事责任包括但不限于返还财产、赔偿损失、消除影响、恢复名誉等。学生欺凌事件中的民事责任具有明显的补偿性质，目的在于尽可能地修复由欺凌行为造成的损害。

二、民事责任的规范依据

《中华人民共和国民法典》在多个条款中对侵权行为及其责任进行了详细规定。一方面规定了侵权责任，《中华人民共和国民法典》第一千一百七十九条至一千一百八十七条规定了对他人人身及财产权益造成侵害时所应承担的损害赔偿。另一方面规定了监护人责任，《中华人民共和国民法典》第一千一百八十八条规定："无民事行为能力人、限制民事行为能力人造成他人损害的，由监护人承担侵权责任。"这意味着未成年学生的赔偿责任通常由其父母或者其他监护人承担。

学生欺凌中的民事责任通常发生在欺凌行为导致可量化的损害时，如财产损失赔偿、精神损害赔偿等，也即在学生欺凌事件中，欺凌者及其监护人可能需要承担以下几种民事责任：

1. 财产损失赔偿

如果财产受到损害，被欺凌者有权向欺凌者主张财产损失赔偿。财产损失的数额通常按照损失发生时的市场价格或者其他合理方式进行计算。

2. 人身损害赔偿

如果被欺凌者受到人身损害，欺凌者应当承担相应的人身损害赔偿责任，包括医疗费用、误工费、护理费等实际支出。

3. 精神损害赔偿

根据《中华人民共和国民法典》的规定，被欺凌者有权请求精神损害赔偿。精神损害赔偿的具体金额需要根据被欺凌者的精神痛苦程度、侵权行为的恶劣程度等因素综合考虑。

4. 其他责任

除上述赔偿责任外，欺凌者及其监护人还可能需要承担赔礼道歉、消除影响、恢复名誉等责任，以弥补被欺凌者的非财产损失。

此外，未成年学生及其监护人未能履行赔偿责任的，被欺凌者可以通过诉讼方式向法院提起民事诉讼，要求欺凌者及其监护人承担相应的民事责任。法院判决后，欺凌者及其监护人应当按照判决结果履行赔偿义务，否则被欺凌者可以申请强制执行。

第三节 何为学生欺凌中的行政责任

情景引入

放学后，小叶子被以大玲为首的几个同学围困在学校附近小花园的角落里，大玲带领红红等人对小叶子进行了言语侮辱，称她"假正经"，并公然撕扯她的头发和衣物，逼迫她扇自己耳光，严重侵犯了小叶子的人格尊严和人身安全。小叶子感到极度恐慌和无助，但由于害怕报复，没有及时向老师或家长寻求帮助。学生会主席阿蒙偶然发现了这一情况，立即向德育室王主任报告。王主任得知情况后，高度重视此事，立即报警并通知了小叶子的家长。公安部门接到报警后迅速介入，对涉事学生进行了调查，同时对小叶子实施了必要的心理安抚和保护措施。

请思考：

1. 在本案例中，大玲、红红等同学的行为在法律上如何定性？

2. 公安部门对涉事的大玲等学生可以采取哪些行政处罚措施？

一、行政责任的定义

行政责任是指个人或单位因违反行政管理法律规定而应承担的法律后果，通常体现为行政处分和行政处罚两种形式。行政处分是对国家机关、企事业单位、社会团体等工作人员的轻微违法或违规行为实施的制裁，如警告、记过、记大过、降级、撤职等；行政处罚则是自然人、法人或其他组织在违反行政管理法律规定时，行政执法部门依法对其实施的法律制裁，包括警告、罚款、吊销许可证等。

在学生欺凌事件中，当一名学生在学校对同学实施了欺凌行为，根据学校的规定，他可能会受到警告或者记过等纪律处分。如果这种行为违反了更广泛的社会规则，比如行政管理秩序，那么该学生还会面临罚款或其他形式的处罚。

行政制裁通常由国家行政机关或其授权机构实施，目的在于通过处分或处罚违法行为人，促使其遵守行政法律规范，避免再次违法。与民事责任和刑事责任相比，行政责任侧重于对行政管理秩序的维护及对行政违规行为的处罚。

在学生欺凌事件中，欺凌者所需承担的行政责任体现为：如果学生的行为违反《中华人民共和国治安管理处罚法》的相关规定，需依法受到治安管理处罚。此类责任承担是对学生行为的一种即时纠正，目的在于维护校园秩序和公共安全。

二、学生欺凌中行政责任的分类

根据《中华人民共和国治安管理处罚法》的相关规定，当学生欺凌行为涉及扰乱公共秩序，妨害公共安全，侵犯人身权利、财产权利，妨害社会管理，具有社会危害性，但尚未达到刑事处罚的标准时，公安机关有权依法对涉事的未成年学生实施相应的治安管理处罚。具体可以分为：

1. 警告

对于违法行为相对较轻的未成年学生，公安部门可以予以警告。警告属于较为轻微的行政处罚，主要起到教育和警示作用。

2. 罚款

对于违法行为较严重的未成年学生，公安部门可以处以罚款，罚款的金额和具体执行办法由公安部门根据具体情况决定。

3. 行政拘留

对于违法行为特别严重的未成年学生，公安部门可以依法进行行政拘留。

但需要注意的是，根据《中华人民共和国治安管理处罚法》第十二条的规定："已满十四周岁不满十八周岁的人违反治安管理的，从轻或者减轻处罚；不满十四周岁的人违反治安管理的，不予处罚，但是应当责令其监护人严加管教。"

此外，公安部门可以采取其他措施对欺凌者进行矫治。训诫是对未成年人的一种教育手段，旨在通过教育使其认识到错误并改正。在学生欺凌案例中，若欺凌者因不满十四周岁或者情节特别轻微而免予处罚的，可以予以训诫。

未成年学生及其监护人未能履行行政处罚决定的，公安机关还可以依法采取强制措施，包括但不限于依法传唤未成年学生及其监护人，依法申请人民法院强制执行等。

第四节　何为学生欺凌中的刑事责任

情景引入

2024年3月10日，河北省邯郸市肥乡区的13岁初中生王某某被人预谋杀害，犯罪嫌疑人将其遗体掩埋在一个废弃的蔬菜大棚里，这起案件引起了社会的广泛关注。案件发生后，当地公安机关迅速启动了侦查程序。3月11日，涉案的三名未成年犯罪嫌疑人张某某、李某和马某某被全部抓获，并依法采取了刑事强制措施。为了确保案件的全面及深入调查，公安机关成立了一个由60多人组成的专案组负责此案。同时，检察机关高度重视此案，依法提前介入公安机关的侦查活动。3月21日，邯郸市肥乡区公安局完成了对张某某、李某及马某某涉嫌故意杀人罪的初步侦查，并正式向检察机关提请核准追诉。一审判决张某某犯故意杀人罪，判处无期徒刑，剥夺政治权利终身；李某犯故意杀人罪，判处有期徒刑十二年；马某某依法不予刑事处罚，但将接受专门矫治教育。

请思考：

1. 从本案例来看，学生欺凌行为还仅仅是一种违纪行为吗？

2. 实施学生欺凌可能需要承担哪些刑事责任？

一、刑事责任的定义

刑事责任指因犯罪行为触犯刑法规定而必须承担的法律后果。该责任确立的前提是行为人的行为符合刑法所规定的犯罪构成，并且行为人具备相应的刑事责任能力。

刑事责任的类型主要分为主刑和附加刑两大类：主刑有管制、拘役、有期徒刑、无期徒刑和死刑；附加刑则包括罚金、剥夺政治权利、没收财产和驱逐出境等。其中，对于未成年人犯罪，我国采取了极为审慎和宽容的态度，强调教育及矫正而非单纯的惩罚。

在学生欺凌事件中，如果欺凌行为构成犯罪并触犯了刑法，涉事学生可能需要承担相应的刑事责任。值得注意的是，《中华人民共和国刑法》对刑事责任年龄的划分决定了欺凌者是否需要对自己的犯罪行为担责。对于未成年学生犯罪，尽管《中华人民共和国刑法》规定应当从轻或减轻处罚，但依然需要依法追究相应的责任。总体而言，适用《中华人民共和国刑法》追究欺凌者的法律责任，是最严厉的法律制裁手段，体现了我国对严重学生欺凌行为坚决予以打击的立场。

二、刑事责任的规范依据

《中华人民共和国刑法修正案（十一）》对未成年人承担刑事责任的年龄进行了明确。对于已满十二周岁不满十四周岁的未成年人，若其实施故意杀人、故意伤害致人死亡或以特别残忍手段造成严重残疾的行为，且情节极其恶劣，经最高人民检察院核准追诉，需承担刑事责任。已满十四周岁不满十六周岁的未成年人，实施故意杀人、故意伤害致人重伤或死亡、强奸、抢劫、贩卖毒品、放火、爆炸、投放危险物质等罪行时，应负刑事责任。已满十六周岁的人犯罪，应当负刑事责任。

学生欺凌行为可能触犯多项刑事法律条款，如肢体欺凌可能涉嫌违反刑法中的故意杀人罪、故意伤害罪、抢劫罪、寻衅滋事罪等罪名，严重侵犯他人名誉权的网络欺凌行为可能涉嫌违反刑法中关于侮辱罪、诽谤罪的规定。

对于符合刑事责任年龄的未成年人，若触犯上述条款，涉嫌犯罪，须依法追究其刑事责任，可能面临的刑罚包括有期徒刑、拘役、管制等。对于不满十八周岁依法应追究刑事责任的未成年人，应当从轻或者减轻处罚；法院在量刑时会考虑其年龄因素，给予相应的从轻或减轻处罚。

案例解析

阿蒙是学生会主席，性格外向，成绩优异。胖虎是班上的体育特长生，与周围的同学经常称兄道弟。在一次体育课上，阿蒙不小心将球踢到了胖虎身上，胖虎觉得在兄弟们面前丢了面子，于是开始对阿蒙进行言语上的侮辱。胖虎在班上散布关于阿蒙的谣言，导致阿蒙在同学中的声誉受损。胖虎还联合小夫等同学对阿蒙进行排挤和孤立。之后胖虎开始对阿蒙进行身体上的攻击，如推搡、打耳光等，并在社交媒体上发布针对阿蒙的侮辱性言论和照片。阿蒙的家长发现了这一情况，决定采取法律手段保护阿蒙。他们收集了同学的证词、社交媒体上的侮辱性言论和照片、阿蒙受伤支出的医疗费用、司法鉴定的结果等。

在本案例中，若阿蒙被身体攻击后，经司法鉴定为轻伤，胖虎及其监护人可能承担哪些法律责任？

法条链接

《中华人民共和国未成年人保护法》第三十九条第二款

学校对学生欺凌行为应当立即制止，通知实施欺凌和被欺凌未成年学生的父母或者其他监护人参与欺凌行为的认定和处理；对相关未成年学生及时给予心理辅导、教育和引导；对相关未成年学生的父母或者其他监护人给予必要的家庭教育指导。对实施欺凌的未成年学生，学校应当根据欺凌行为的性质和程度，依法加强管教。

《中华人民共和国刑法》第十七条

已满十六周岁的人犯罪，应当负刑事责任。

已满十四周岁不满十六周岁的人，犯故意杀人、故意伤害致人重伤或者死亡、强奸、抢劫、贩卖毒品、放火、爆炸、投放危险物质罪的，应当负刑事责任。

已满十二周岁不满十四周岁的人，犯故意杀人、故意伤害罪，致人死亡或者以特别残忍手段致人重伤造成严重残疾，情节恶劣，经最高人民检察院核准追诉的，应当负刑事责任。

对依照前三款规定追究刑事责任的不满十八周岁的人，应当从轻或者减轻处罚。

因不满十六周岁不予刑事处罚的，责令其父母或者其他监护人加以管教；在必要的时候，依法进行专门矫治教育。

《中华人民共和国治安管理处罚法》第六十条第一款

以殴打、侮辱、恐吓等方式实施学生欺凌，违反治安管理的，公安机关应当依照本法、《中华人民共和国预防未成年人犯罪法》的规定，给予治安管理处罚、采取相应矫治教育等措施。

《中华人民共和国民法典》第九百九十五条

人格权受到侵害的，受害人有权依照本法和其他法律的规定请求行为人承担民事责任。受害人的停止侵害、排除妨碍、消除危险、消除影响、恢复名誉、赔礼道歉请求权，不适用诉讼时效的规定。

《中华人民共和国民法典》第一千一百七十九条

侵害他人造成人身损害的，应当赔偿医疗费、护理费、交通费、营养费、住院伙食补助费等为治疗和康复支出的合理费用，以及因误工减少的收入。造成残疾的，还应当赔偿辅助器具费和残疾赔偿金；造成死亡的，还应当赔偿丧葬费和死亡赔偿金。

《中华人民共和国民法典》第一千一百八十二条

侵害他人人身权益造成财产损失的，按照被侵权人因此受到的损失或者侵权人因此获得的利益赔偿。

《中华人民共和国民法典》第一千一百八十三条第一款

侵害自然人人身权益造成严重精神损害的，被侵权人有权请求精神损害赔偿。

《中华人民共和国民法典》第一千一百八十八条

无民事行为能力人、限制民事行为能力人造成他人损害的，由监护人承担侵权责任。监护人尽到监护职责的，可以减轻其侵权责任。

·思考题·

1. 结合本讲的内容，思考学生欺凌行为涉及的四种法律责任。

（提示：根据本讲课程介绍的内容简要回答，并且重点结合第一讲说出教育惩戒责任有哪些？）

2. 观看一部关于学生欺凌的电影或纪录片，例如《悲伤逆流成河》，并分享你的观后感。

（提示：讨论电影中展示的欺凌行为对被欺凌者、欺凌者及旁观者可能产生的影响，并且分析各主体应当承担什么责任？）

3. 讨论在学生欺凌事件中，涉事学生及其监护人可能面临的法律责任有哪些？请结合具体案例进行阐述。

4. 根据本讲中关于民事责任的定义和规范依据，讨论在学生欺凌事件中，民事责任如何帮助修复由欺凌行为造成的损害？请举例说明。

（提示：根据本讲第二节的内容，考虑民事责任的定义及分类，并结合《中华人民共和国民法典》的规定分析你所观察到的学生欺凌行为造成了何种损失，相应地应承担何种法律责任？）

5. 分析行政责任在维护校园秩序中的重要性。

（提示：根据本讲第三节的内容，考虑在学生欺凌事件中，行政责任如何发挥作用，以维护校园秩序和公共安全？）

6. 我国现行法律对未成年学生欺凌行为的处罚措施是否足够有效？可以从哪些方面作进一步改进？

（提示：根据本讲四节内容简要回答处罚措施，然后根据第四节的内容，分析在哪些情况下学生欺凌行为可能触犯刑法需承担刑事责任？这种责任又是如何体现对严重学生欺凌行为的打击和预防的？惩戒力度是否足够防止学生欺凌事件的再次发生？）

反学生欺凌班级文化建设

课程目标

1. 了解我国中职班级的特征与性质。

2. 知道班级环境对学生的影响。

3. 理解班级是学生欺凌治理核心场域的原因。

4. 掌握构建以班级为核心的学生欺凌防治体系的方法。

课程介绍

班级是一种同时具有"初级群体"和"社会组织"特征的特殊组织，是学校进行管理的基本单位，也是学生学习知识、融入社会、形成个性人格的重要场域。如果班级氛围良好，学生会主动进行自我调适，适应班集体，其心态积极、情绪乐观。反之，在一个秩序混乱、气氛压抑、关系冷漠的班级中，学生易产生消极心态、悲观情绪。在探索学生欺凌防治体系时，应当将反欺凌班级文化建设置于突出位置。本讲将重点学习班级环境对治理学生欺凌的作用，以及怎样构建以班级为核心的学生欺凌防治体系。

第一节 班级的性质

情景引入

班主任李老师注意到近期班级里出现了一些不良风气，课间经常会出现同学之间争吵、打闹的现象，有些活泼的同学变得沉默了，像是在躲避某些事情。经调查得知，原来班级内的胖虎、小夫等人组成了一个小圈子，经常一起孤立、攻击其他同学。他们甚至专门组了一个聊天群，传播其他同学的负面消息和各类"八卦"。得知此事后，李老师迅速介入，对胖虎等人进行了严肃处理。事后，李老师专门举办了一场反欺凌主题班会，并在会上说："同学们，班级就是一个大家庭，不仅是我们学习的场所，我们应该像家人一样彼此团结友爱。"

请思考：

1. 班级的性质究竟是什么？

2. 班级是如何影响每一位同学的？

班级是学校教育管理的基本单位，学校通过班级的形式组织学生开展学习、实践等活动。班级是学校中的基本群体组织，具有一定的社会属性。一般情况下，一个学生从进入班级开始，会在此后相当长的时间内在这个集体中生活、学习，完成自己人生观的塑造和人格的发展。班级会形成特定的文化氛围和整体特征，对其中成员的行为会产生一定影响。

一、国内外学者对班级性质的探讨

中国古代教育体系以"私塾""书院"制度为特征，没有发展出现代意义上的"班级"概念。有学者考证，"班级授课制"模式是从西方传入中国的。就我国当前教育体系中"班级"的现实情况而言，班级功能有两种：第一种是学校教学和管理的基本单位；第二种是学生学习知识、社会交往、初步形成人生观价值观的场所，即"班级是他们成长的核心区域"。[1]因此，所谓学校的"育人、教育功能"是以班级为载体实现的，有关班级性质问题的研究具有现实意义。

我国学者对班级性质的界定仍存在分歧。一种代表性观点是"初级群体论"，论者在研究班级规模、教师与学生的行为模式、班级制度等问题的基础上得出结论，认为"班级

1　肖振南：《班级治理：以"平等"和"对话"重构班级管理》，载《教育理论与实践》2016年第2期。

是一种特殊社会初级群体"，该群体的特点是"互动方式上兼具情感与理性的双重性、目标上的统一性、行为上的较大整合性、形式结构的正式性"。[1]

另一种代表性观点是"社会组织论"。论者从社会学的角度对班级的性质进行了研究，其结论是：班级的首要性质是一种"社会组织"，因为"班级具有社会组织所共有，而家庭与同辈群体等其他群体不具有的三个主要特征或构成要素，即明确的组织目标，正式的组织机构，清楚的组织规范"。[2]

小贴士

虽然"初级群体论"与"社会组织论"对于班级性质界定有异，但对于班级若干特征的认识是一致的，如班级组织具有目标一致性、组织结构正式性等特征。不同的界定方式，是为研究目的服务的。本讲的目的是借助班级文化、班级制度来防治学生欺凌，因此从其他角度进行界定也未尝不可。

二、我国中职班级的特征与性质

对我国的中职生而言，班级组织特征明显：第一，学生在班级中生活时间长。他们学习生涯的大部分时间是在班级中和老师、同学们一起度过的，这个时间甚至超过了与家人的陪伴时间。第二，活动群体性特征。中职生在班级内发生的上课、课外活动、外出活动等行为绝大部分是群体性活动，完全独立自主的个人活动比较少。第三，组织动态性特征。班级内的学生行为具有目标明确性和一致性，班级组织具有正式性，这种组织始终具有动态变化的特征。第四，促进主体主观意识养成的特征。在班级生活中，学生的价值观不断变化，在师生交往、同学交往过程中，个体的规则意识、人格、观念等主观意识会不断发展。

1　谢维和：《班级：社会组织还是初级群体》，载《教育研究》1998 年第 11 期。

2　吴康宁：《教育社会学视野中的班级：事实分析及其价值选择》，载《教育研究》1999 年第 7 期。

　　"初级群体"的概念最早由美国社会学家查尔斯·霍顿·库利在其著作《社会组织》（1909 年）中提出，他认为初级群体是指面对面互动形成的，具有亲密人际关系的社会群体，该群体对于其成员的社会化和个人人格塑造具有影响。

　　初级群体的特征是：第一，成员有限，一般是 30 人左右的群体。第二，成员之间有直接的、经常的面对面互动，学生天天在一起。第三，成员之间的交往富有感情。第四，成员难以替代，群体中任何一名成员离开，都会对整个群体造成心理震动，比如班级里一名同学转学，整个班级同学都会产生感情波动，直接从外校转入一名学生，并不能取代原来的学生。第五，群体整合程度高，成员彼此熟悉，群体意识强。第六，群体控制依靠非正式手段，如习惯、风俗、伦理道德等，显然班级管理常利用的"班规公约"就属于此类。[1]根据这些特征界定，家庭、邻居、青少年游戏群、青少年朋友圈、班级都应当属于"初级群体"。

> **知识拓展**
>
> 　　班级组织较之邻居、青少年游戏群、青少年朋友圈等组织更加具有正式性、目标一致性，因此班级也应该是一种"社会组织"。总之，班级是一种同时具有"初级群体"和"社会组织"特征的特殊组织，是学校进行管理的基本单位，也是学生学习知识、融入社会、形成个性人格的重要场域和团体。

1　谢维和：《班级：社会组织还是初级群体》，载《教育研究》1998 年第 11 期。

第二节　班级环境对学生的影响

情景引入

　　胖虎性格霸道，他依仗自己体格健壮，常给同学小雄起侮辱性外号，甚至在他的校服背后胡写乱画。许多同学开始模仿胖虎的行为，班级内出现了同学们互相在校服上涂画、写侮辱性绰号或不雅语言的现象。班主任李老师发现后，选出班内几名热心的同学，担任"反欺凌志愿者"，阿蒙就是其中一员。有一天胖虎再次准备往其他同学校服上涂画时被阿蒙发现，他和几位同学挺身而出，立即阻止胖虎的行为。这种不良之风逐渐得到了遏制。

　　请思考：

　　1. 在本案例中，班级的环境发生了何种变化？

　　2. 截然不同的环境对学生有何影响？

　　在本节案例中，随着老师、同学适时介入，班级内逐渐变得风清气正。"班级环境是指班级中存在的人格体质及群体互动的关系。"[1] 班级环境会在成员个性、学校策略、教师管理能力的综合作用下形成，班级环境一旦形成将会持续下去，对学生产生全方位的深远影响。

一、班级环境对学生学业水平具有重要影响

　　一定数量的学生个体组成班级有机体，每一个学生的个性特征对于班级环境的形成都会有影响，而班级环境对于每一个学生的个体学习成长也会产生重大影响。如果没有用这种整体的、普遍联系的观点看问题，在看待某个学生的成绩时，就会孤立地讨论，这是不正确的。正确的态度应该是，学生的学习成绩与个体智力、勤奋态度有关，也与班级环境有关，后者的影响更不容忽视。

　　1　刘浩：《班级环境对初中生教育期望的影响研究》，载《青年研究》2018 年第 1 期。

班级环境与学生学业之间的关系是可以通过社会调查进行检验的。有学者在多所学校开展相关社会调查，得出的调查结论是一致的：师生关系、同学关系、班级治理情况等班级环境对学生学业成绩具有正向影响。如果一个班级中，师生关系融洽、同学关系和谐、班级氛围积极向上，则一个学生个体的班级认同感与集体归属感会增强。这个学生在良好的班级氛围中，会更加乐意与老师和同学进行学习、生活方面的交流，最终促进个人成绩进步。大多数学生的这种行为反过来又会促使班级学风进一步优化，形成良性循环。反之，在一个师生关系紧张、同学关系冷漠、班级氛围恶劣的班集体中，学生的学习积极性会受到负面影响，进而影响其成绩。当然，这种班级氛围也易成为欺凌行为发生的温床。

小贴士

班级环境也可以归结为一种班级文化，如果一个班级的文化就是以大欺小、以强凌弱，大多数学生选择息事宁人，"事不关己、高高挂起"，这种班级文化一定是学生欺凌产生的温床。而如果班级文化风清气正，大部分学生面对欺凌时都能挺身而出、勇于举报，则该班级中的欺凌现象就会减少，甚至杜绝。

二、良好的班级环境有利于提高学生学习和适应能力

长久以来，中国社会评价学生的主流观念是"唯成绩论"，因此，多数研究者集中研究班级环境对学生学习成绩的影响。但随着社会进步、观念更新，教育学、教育心理学界开始研究教育环境对学生心理变化、社会适应性等方面的影响，学界普遍意识到，教育者应当通过营造积极健康的班级环境来提高学生的学习能力，同时应当提高学生"内在适应性"。学生适应性的上位概念是"社会适应性"，所谓"社会适应性"指"个体在社会环境中，主动地顺应环境、调控自我或改变环境，最终达到与社会环境保持和谐与平衡的动态过程，也是个体心理——社会生存状态的综合反映"。[1] 从这个概念出发可知，"学生社会

---

1 金灿灿、邹泓、李晓巍：《青少年的社会适应：保护性和危险性因素及其累积效应》，载《北京师范大学学报（社会科学版）》2011年第1期。

适应性"指学生在主要教育环境（主要是学校、班级）中，顺应学校、班级环境、主动进行自我调适以适应教育环境，从而达到个体与整体教育环境相适应、融洽共生的和谐状态。其主要包括个体自我心理适应、自我与其他成员（校领导、教师、同学）适应、个体行为适应等多方面内容。

有学术团队将班级环境分为团结向上型、一般型、问题型三类，进行问卷调查后得出结论："班级环境对学生的学校喜欢、学业行为有显著的正向预测作用。"[1] 进而得出推论：积极向上的班级环境有利于增强学生对学校、班级的喜欢程度，提高其对教育环境的适应能力。在另外一项研究中，按照科学方法抽样，以"师生关系、同学关系、秩序和纪律、竞争和学习负担等因素作为班级环境内涵因素"，以学生的"学校适应、主观幸福感和焦虑作为适应性指标"进行调查，分析调查数据之后得出结论是："班级学生的整体适应水平与班级环境存在较大关联。"[2]

另一项问卷调查，"将社会适应从功能角度划分为两类：积极社会适应和消极社会适应。前者包括自我肯定、亲社会倾向、行事效率、积极应对，后者包括自我烦扰、人际疏离、违规行为、消极退缩"。[3] 调查结果表明，良好的班级环境能够显著提高学生对于教育环境的适应能力，而糟糕的班级环境会产生反作用。从研究具体数据而言，班级环境与学生的生活满意度、焦虑状况有重大关联。

1　屈智勇、邹泓、王英春：《不同班级环境类型对学生学校适应的影响》，载《心理科学》2004 年第 1 期。

2　江光荣、林孟平：《班级环境与学生适应性的多层线性模型》，载《心理科学》2005 年第 6 期。

3　金灿灿、邹泓：《中职生班级环境、友谊质量对社会适应影响的多层次线性模型分析》，载《中国特殊教育》2012 年第 8 期。

小贴士

从经验出发也可知，如果班级氛围良好，学生则更加主动积极调适自我，适应班集体，其心理态度积极、情绪乐观。反之，在一个秩序混乱、气氛压抑、关系冷漠的班集体，学生易产生消极心态、悲观情绪等。曾经有中职生因与老师、同学关系紧张或者班级氛围混乱而出现厌学、抑郁、实施欺凌等现象。因此，班级环境会对学生适应能力产生影响，也会对学生欺凌产生间接影响。

第三节 班级是学生欺凌治理的核心场域

情景引入

小夫是胖虎的好朋友，常常协助胖虎进行欺凌，帮胖虎放哨。一天，小雄在课间被胖虎无故扇了两耳光，小夫偷偷录制了视频并传播到网上。班主任李老师迅速介入，了解原委后，立即通知双方家长到校，并报告了"学生欺凌防治三人小组"作进一步处置。最终，胖虎和小夫认识到错误，向小雄道歉，并受到了教育惩戒。学校领导向所有老师明确班级是学生欺凌治理的核心场域，要求各班组织反欺凌教育班会，与同学们共同制定反欺凌班规，加强反欺凌教育，鼓励学生主动报告欺凌行为。

请思考：

为什么班级是学生欺凌治理的核心场域？

学生欺凌治理的基本思路是多管齐下、多元手段配合。但是，最核心的场域应该在班级之中。法律的规定与执行最终要落实到学校，而学校的教育、治理都要落实到班级治理。家庭、社会组织介入学生欺凌很重要，但无法取代班级的核心和基础地位。

一、班级环境影响学生欺凌的产生

首先，许多欺凌就发生在班级之中。如有研究表明，"被欺凌者和欺凌者大多是同班同学"。[1] 此种研究结果符合生活经验，同班同学朝夕相处，其相处时间超过了与家人的陪伴时间。同学之间交往频率高、关系密切，最容易产生小矛盾、小冲突。因为学生心智尚未成熟，处理矛盾能力欠佳，如果加之教师教育手段不到位、班级秩序混乱等因素，那么上述矛盾与冲突极易转化为学生欺凌行为，其中以肢体欺凌、语言欺凌、关系欺凌最为典型。

其次，班级环境对于学生欺凌的产生具有重要影响。如果班主任管理不善，班级中秩序混乱、负面文化盛行，则可能导致班级缺乏凝聚力和集体荣誉感，学生学业成绩下降，甚至出现较多违反校纪校规的现象，进而发展成激烈的学生冲突，发生学生欺凌的几率也会大大增加。

最后，班级环境会对学生适应性产生影响。如果一个班级中秩序混乱、师生关系紧张、同学关系不良，则学生会更加焦虑不安。在此情形下，性格张扬的学生可能演变为欺凌者，而原先性格内向、孤僻的学生，可能沦为被欺凌的对象。

由此可见，班级是学生欺凌发生的重要场域，也是治理学生欺凌现象的重要依托。

二、班级是治理学生欺凌的重要主体

治理学生欺凌的主体包括国家、立法机关、司法机关、行政机关、社会组织、家庭、学校等，但是真正落实具体反欺凌政策的重要主体是学校和班级。因为学生欺凌发生的主要场所、学生日常主要活动场所大多在学校，所以反学生欺凌政策应当以学校为中心。关于这个问题，有学者认为"认真反思学校在反欺凌中应当扮演的角色，努力提高学生欺凌防治的专业性和有效性，是进一步推进国内反欺凌工作的重要着力点"。[2] 按照这个思路进

1　林雅萍、任庆仪：《国中校园学生霸凌现象之个案研究：以丁丁国中为例》，载《区域与社会发展研究》2011 年第 2 期。

2　董新良、姚真、王瑞朋：《英美两国欺凌防治比较研究——基于学校的视角》，载《外国教育研究》2018 年第 8 期。

一步推演可知，学校制定了完整的校园反欺凌政策以后，还是需要通过班级来落实，到达班级层面后，每一个同学才能对这些措施产生直观感受。

第四节 构建以班级为中心的欺凌防治体系

情景引入

小叶子身材瘦小，不太合群，经常被一些同学嘲笑和排挤。最近，小叶子发现红红等人在网络上诽谤自己，并将录制的嘲笑视频放在网上，但小叶子不想惹事，选择忍气吞声。小雄发现这一情况后，帮助小叶子向班主任李老师报告了这一情况，李老师严肃处理了此事，并进一步加强本班的学生欺凌防治体系。

李老师决定每学期开展一次匿名问卷调查，了解班级里的学生关系、有无发生欺凌等情况。李老师选拔了反欺凌志愿者，当欺凌行为发生时，及时介入，阻止欺凌行为或报告老师，保护被欺凌者。李老师还在班内成立了矛盾调解小组，每当同学之间发生矛盾冲突和纠纷，都由矛盾调解小组为双方协商、化解。李老师还定期召开班会，专门讲解反欺凌的要素，带领大家制作反欺凌的黑板报、电子小报，引导同学们增强自我保护意识。在师生的共同努力下，班级氛围变得和谐。

请思考：

李老师是如何进一步加强本班的学生欺凌防治体系的？

李老师实施了较为完善的学生欺凌预防制度，进一步加强了本班的学生欺凌防治体系，具体包括学生欺凌发现机制、学生矛盾调解机制、反欺凌教育机制。具体而言，通过问卷调查、选拔反欺凌志愿者，完善了班级内学生欺凌发现机制；通过成立学生矛盾调解小组，及时化解学生间的矛盾冲突，避免转化为学生欺凌；通过定期召开班会、反欺凌宣传，落实了反学生欺凌的教育机制。

一、构建以人为本、多元合理的教育评价体系

"教师是人类灵魂的工程师，是人类文明的传承者，承载着传播知识、传播思想、传播真理，塑造灵魂、塑造生命、塑造新人的时代重任。"[1]教育管理者、教师，特别是班主任在反欺凌问题上责任重大。

教师应当树立以人为本的观念，"从教育善的影响出发"[2]，对每一个同学个体给予真心的尊重与关爱，善于发现"潜在的学生欺凌因素"。例如，教师应当有能力发现并关注"潜在的欺凌行为危险因素、可能演变为学生欺凌的玩闹行为、学生的不正当行为、班级中的'小团体'、班级的歧视行为"。[3]从学生角度而言，如果他们感受到老师的真切关心、尊重，他们来自学业和环境适应方面的压力就会减小，教师的积极行为对抑制学生欺凌起着重要作用。[4]

同时，教师应当改变传统的育人理念，坚持构建科学合理综合的教育评价体系。"唯分数论"的恶果有：第一，班级里学习特别好的同学有可能受到其他学习落后群体的孤立；第二，后进生易成为被欺凌对象；第三，优等生、后进生都可能成为欺凌者；第四，缺乏对学生其他特长的评价指标，导致评价指标单一，不能反映学生综合能力，易给学生造成挫败感。"要深化教育体制改革，健全立德树人落实机制，扭转不科学的教育评价导向，坚决克服唯分数、唯升学、唯文凭、唯论文、唯帽子的顽瘴痼疾，从根本上解决教育评价指挥棒问题。"[5]当然，扭转应试教育、"唯分数论"的痼疾，牵一发而动全身，非朝夕之功，作为教师，应当随着教育改革推进，在自己的班级中有意识地构建科学、合理、多元的教育评价体系，这是构建和谐班级文化、减少学生欺凌发生的重要措施。

---

1 《习近平出席全国教育大会并发表重要讲话》，载中国政府网，http://www.gov.cn/xinwen/2018-09/10/content_5320835.htm，最后访问时间：2018年11月3日。

2 李明达：《自我认同视角下校园欺凌行为成因及对策研究》，载《当代教育科学》2017年第11期。

3 教育部基础教育司：《防治中小学生欺凌和暴力指导手册》，教育科学出版社2018年版，第45-49页。

4 胡雪亮：《中小学校园欺凌高发原因与对策分析》，载《中国教育学刊》2018年第1期。

5 《习近平出席全国教育大会并发表重要讲话》，载中国政府网，http://www.gov.cn/xinwen/2018-09/10/content_5320835.htm，最后访问时间：2018年11月3日。

二、构建和谐班级文化

1. 探索民主自治新型班级文化

在传统班级管理模式中，班主任处于管理者地位，学生处于被管理者地位，班级事务一般由班主任起主导作用，这种班级管理模式称为"班主任权威型"。在这种班级文化中，学生完全处于被动地位，只能服从老师制定的规则和命令，如果违反就会面临处罚。此外，班干部既可以代表班主任进行班级管理，又可以将学生的意见反馈给老师。这种班级文化，容易造成班干部滥用权力的现象。即使未发生欺凌事件，在这种"权力管理型"模式下，学生也会缺乏民主文化滋养，不利于学校将学生培养为具有法治精神的公民。

在推进全面依法治国、强调法治社会建设的今天，应该摒弃传统的班级管理模式，探索新型"民主治理型"班级文化，有学者又称该模式为"班级治理"，"就是班主任和每个班级成员作为独立的平等个体，在彼此尊重、协商的基础上，为了班级和每个学生的发展所采取的一系列经营活动"。[1] 具体而言，我们可从以下四方面推进：

第一，选举方面。考虑发挥中职生的主观能动性，采取"自荐—竞选—投票—定期选举"的模式，根据投票来确定班干部、团干部等。第二，决策方面。应当由全班同学参与制定"班规"，将班级一系列治理事项、规则予以规定，班级重大事项也由全班同学讨论决定，而不是由班主任或者学生干部直接确定。即所谓"重大事项"由班规规定，并可以动态调整。第三，管理方面。在班级事务管理过程中，班主任要重新进行定位，将自己定位为管理、组织、服务、协调四位一体的角色，多与学生进行平等对话，听取学生建议。第四，监督方面。对于学生干部、同学的行为，班级成员都有渠道进行监督，可以将情况报告给班主任。

这种新型班级治理模式好处有三：其一是构建和谐的民主班级文化，有利于减少"倚强凌弱"现象，从而减少学生欺凌发生的几率；其二是班级具有监督制度，任何同学发现欺凌问题，都可以报告给老师；其三是此种模式将民主、法治实践贯穿整个教育过程，使法治思维、规则意识、民主文化渗透到学生日常班级生活之中，为国家培养具有法治精神的现代公民奠定了基础。

1　肖振南：《班级治理：以"平等"和"对话"重构班级管理》，载《教育理论与实践》2016 年第 2 期。

2. 增进班级成员互动交流

治理学生欺凌的策略之一就是通过学校活动，加深学生之间的了解、消除隔阂。"班级文化建设必须有意识地进行精心规划和长期建设，使班级文化的育人功能能够充分发挥"[1]，班级文化建设主体应当是全体学生。和谐积极的班级文化建设需要同学之间的友谊支持，丰富多彩的活动有利于增进学生间友谊。应当调动学生积极性，鼓励学生自发组织高质量的班级活动，比如学生分组轮流负责黑板报定期更换、图书角整理等，还可以定期召开班会，除讨论班级事项外，还可以确定一个主题进行讨论，比如可以将"学生欺凌""手机管理""食品进教室"等问题作为班会议题，由全体学生讨论制定对策。同时，可以举行"小型体育比赛""硬笔书法比赛""科技擂台赛""艺术小舞台"等形式的班级活动，营造一种积极向上、充满活力、乐于助人的班级文化，此种班级文化具有遏制学生欺凌产生的作用。

知识拓展

班级文化是由班级成员（包括教师和学生）在学习和交往活动过程中所形成的理想信念、价值取向、态度、思维方式、行为方式及其物质表现形式。正面、积极、和谐的班级文化对学生健康成长、成才至关重要。

三、法治课程中渗透反欺凌文化

学校宣传、预防、治理学生欺凌最主要的途径之一，一方面对潜在欺凌者起到约束、打击作用，另一方面能够给潜在或现实中的被欺凌者提供自我保护的手段。

在反欺凌教育方面，国外有较多经验。"在英国学校所开设的个人、社会、健康和经济教育课程（Personal Social Health Economic，简称 PSHE）中，学生可以了解到不同类型

1　林冬佳：《论班级文化的功能及建设》，载《教育导刊》2000 年第 11 期。

的欺凌、如何应对欺凌以及如何为受欺凌者提供帮助";[1] "美国新泽西州将反欺凌教育纳入常规教育体系，并针对不同年级的学生开展分段教育";[2] "芬兰根据不同年龄段学生的发展特性及欺凌的暴露程度，开发出了分别面向6—9岁、10—12岁及13—16岁学生的三套反欺凌课程";[3] "澳大利亚中小学设置了安全保护的校本课程，将安全教育纳入课程学习"。[4] 上述各国将反欺凌内容纳入中小学课程的做法确实取得了明显效果。

四、建立班级与家庭互动机制

学生是班级的核心组成部分，也是家庭的重要成员，因此在讨论构建班级反欺凌文化的同时，家庭因素也应当被考虑在内。班主任要与所有学生家长保持通畅的沟通，保证遇有任何突发事件都能够及时联系到家长。通过"一对一"沟通加强交流，班主任可以了解学生在家表现，告知家长学生在校情况，以达到最佳沟通。如果班主任发现学生有欺凌他人或者被欺凌迹象时，应当及时与家长沟通，防止危害发生。班主任可以通过家长群来宣传反欺凌知识，推送欺凌危害的知识以及发现和防治欺凌的技巧等，以期构筑班级与家庭良好互动的、共同防范欺凌发生的联动机制。

---

1 屈书杰、贾贝贝：《英国校园欺凌综合治理体系及其对中国的启示》，载《河北大学学报（哲学社会科学版）》2018年第1期。

2 董新良、姚真、王瑞朋：《英美两国欺凌防治比较研究——基于学校的视角》，载《外国教育研究》2018年第8期。

3 覃丽君：《发挥多元主体参与的力量：芬兰中小学反校园欺凌计划的实施及启示》，载《外国中小学教育》2017年第9期。

4 冯帮、何淑娟：《澳大利亚中小学反校园欺凌政策研究——基于＜国家安全学校框架＞解读》，载《外国中小学教育》2017年第11期。

案例解析

　　胖虎作为体育特长生一直自视甚高，以"大哥"自居，他常凭借体格优势欺凌同学，尤其是对小雄这样性格内向、身材瘦小的同学更是毫不留情。小夫作为胖虎的得力助手，不仅参与欺凌，还利用社交媒体传播欺凌视频，造成极恶劣的影响。

　　面对这一切，学生们大多选择沉默或回避，阿蒙却挺身而出，曾多次尝试介入调解，但效果甚微。他深知仅凭一己之力难以彻底改变现状，于是向李老师求助。

　　李老师与阿蒙进行了深入交流，听取了他的观察和建议，随后又分别与胖虎、小夫、小雄进行单独谈话，了解行为背后的动机和情绪。他严肃地向胖虎和小夫明确指出其行为的严重性，引导他们认识到自己的错误；同时，他鼓励小雄勇敢表达自己的感受，学会自我保护。

　　为了彻底解决这一问题，李老师积极联系德育室王主任。王主任迅速介入调查，依照校规对涉事学生进行严肃处理。学校制定了详细的反欺凌计划，督导各班设立"反欺凌小卫士"，从学校层面推动各班加强对学生欺凌的预防和干预措施。李老师召开了反欺凌主题班会，教导同学们认识到学生欺凌的危害性，引导大家积极学习反欺凌知识。

　　经过各方努力，小雄逐渐走出了阴霾，重新找回了自信；胖虎和小夫也在老师和同学们的帮助下，认识到自己的错误并努力改正。学生们开始更加珍惜彼此之间的友谊，班级氛围也变得更加和谐融洽。

　　1. 本案例中，如果不及时阻止胖虎和小夫的行为，会对班级环境产生哪些影响？

　　2. 本案例中，李老师和王主任在解决学生欺凌事件、构建班级学生欺凌防治体系的过程中，分别发挥了哪些作用？

法条链接

《中华人民共和国预防未成年人犯罪法》第二十条

教育行政部门应当会同有关部门建立学生欺凌防控制度。学校应当加强日常安全管理，完善学生欺凌发现和处置的工作流程，严格排查并及时消除可能导致学生欺凌行为的各种隐患。

《中华人民共和国预防未成年人犯罪法》第二十一条

教育行政部门鼓励和支持学校聘请社会工作者长期或者定期进驻学校，协助开展道德教育、法治教育、生命教育和心理健康教育，参与预防和处理学生欺凌等行为。

思考题

1. 如果你在校园内亲眼看到学生欺凌事件，你会如何介入？请设想你的干预步骤，并解释为何选择这样的处理方式。

2. 为营造班级及校园的友善氛围，你会提出哪些具体措施？请列举至少三种可行方案，并简要说明其预期效果。

课程目标

1. 明确农村学生欺凌的定义和特征。

2. 了解农村学生欺凌发生的原因。

3. 掌握预防和治理农村学生欺凌的策略。

课程介绍

在广袤的田野与宁静的村落间，农村地区的中职学校是中职学生求知探索的知识殿堂。然而，这片本应充满欢声笑语的土地上，也潜藏着学生欺凌的阴影。不同于城市的喧嚣，农村学生欺凌往往更为隐蔽，其治理也面临着独特的挑战。本讲将重点学习一些具体案例，探索不为大众所熟知的农村学生欺凌现象，及其防治策略。

第一节　何为农村学生欺凌

情景引入

一天下午，阿蒙在课间休息时，听到了来自学校后山的争吵声。他快步走向声音的来源，发现小雄被胖虎和小夫围住，胖虎正用粗暴的言语辱骂小雄，小夫则在一旁助威，两人的嘲讽和讥笑声在空旷的后山回荡，小雄的脸上写满了无助和恐惧。胖虎的言语中充满威胁，他不时地伸手推小雄，小雄的身体在推搡下摇摇欲坠。小夫虽然没有直接参与肢体冲突，但他的助威和嘲讽让现场气氛变得更加紧张。阿蒙立即上前制止了胖虎和小夫的行为,他坚定地说道:"这种行为是不可接受的,你们需要为自己的行为负责。"随后,他将小雄带离了现场,并将这一事件报告给班主任李老师。

请思考:

1. 在本案例中,胖虎和小夫的行为应如何定性?

2. 农村发生的学生欺凌与城市发生的学生欺凌有什么不同?

一、农村学生欺凌的定义

农村学生欺凌是一个复杂的社会现象,通常指在农村地区的学校环境内外发生的,学生之间蓄意或恶意的攻击行为。这些行为可以通过肢体、语言或网络等多种形式表现,并给被欺凌者带来身体伤害、财产损失或精神损害。与城市地区相比,农村学生欺凌问题尤为值得关注。特别是农村留守学生,由于缺少家庭的关爱和监护,他们更易成为学生欺凌的目标,这不仅对他们的身心健康构成严重威胁,还凸显了为被欺凌群体提供特别保护的紧迫需求。

农村学生欺凌的影响深远,其后果不仅限于这一次伤害,对被欺凌者、欺凌者、学校等不同主体造成的长期影响亦不容忽视。

1. 被欺凌者

对于被欺凌者而言,学生欺凌不仅可能造成身体伤害,更可能导致心理创伤,例如引发焦虑、抑郁和自卑等情绪问题。这些心理状态的负面影响长期存在,甚至延续至成年后。更为严重的是,这些心理问题可能对被欺凌者的社交能力和整体生活质量产生持续的不良影响。

2. 欺凌者

农村学生欺凌也会对欺凌者产生影响。当欺凌者在缺乏正确行为模式和情绪管理能力的情况下实施欺凌,可能会培养出错误的价值观和行为习惯。这种不当行为若得不到及时纠正，长远来看，可能会损害其人际关系，并降低其社会适应能力。

3. 学校

农村学生欺凌的存在不仅破坏了学校正常的教学秩序，还可能侵蚀学习环境的积极氛围。若未能得到妥善解决，农村学生欺凌现象可能会逐渐侵蚀学生的安全感和对校园的归属感，进而破坏校园的整体和谐氛围。因此，及时识别并有效应对学生欺凌现象，对于促进学生全面发展及维护校园稳定至关重要。

二、农村学生欺凌的特征

目前，学生欺凌已成为一个不容忽视的问题，尤其在农村地区，这一问题更为突出。农村学生欺凌不仅因其隐蔽性而难以被及时发现，更因其处理的复杂性而难以得到有效解决。这种现象的存在，不仅会对被欺凌者的身心健康造成严重影响，还会对校园的和谐氛围产生负面效应。具体而言，农村学生欺凌具有如下特征。

1. 隐蔽性

农村地区学校中的学生欺凌行为具有高度隐蔽性，难以被及时发现和有效应对。同时，受害学生在遭受欺凌后，往往难以获得及时且必要的帮助。其原因可以归结为：

（1）家庭原因

农村地区家长的文化水平普遍不高，教育观念相对落后，认为孩子只要有书读、比自己有文化，就是对其终年辛劳的回报，对孩子受欺凌的异常情绪状态缺乏敏感性和关注度。

（2）技术原因

农村地区学校基础设施建设不足，难以实现监控设备对学校的全面覆盖，无法对学生的行为进行有效监控和记录。因此，农村学生欺凌行为可能在监控盲区内频繁发生，事后也难以取证。

（3）环境原因

农村地区地广人稀，放学后学生的活动空间大且分散，欺凌行为可能发生在校外偏僻隐蔽处，进一步加大了欺凌的发现难度。

2.高发性

在探讨农村学生欺凌现象时，一个不可忽视的现实是其高发态势。这一特征不仅凸显了农村学生欺凌防治的紧迫性，还为农村地区学校管理和家庭教育带来了更为严峻的挑战。高发性的背后往往隐藏着复杂的社会、学校和个人因素，这些因素共同作用，形成了一个难以解决的恶性循环。

（1）社会支持系统不足

相比城市，农村地区的社会服务和心理健康支持系统不够完善，难以为学生提供必要的心理辅导和行为矫正，使得欺凌问题无法得到及时干预和解决。加之农村地区对欺凌行为的监督和法律保护相对薄弱，缺乏有效的预防和惩治机制，使得欺凌行为得不到应有的遏制。

（2）学校管理不善

许多欺凌事件发生在寄宿制学校，此类学校学生密度大，引发纠纷的几率增加。农村地区学校的学生来源分散，学校管理不善就会导致农村学生欺凌多发。

（3）缺乏欺凌防治的专业力量

农村地区学校基本没有建立规范的欺凌防治制度机制，也缺乏专业的欺凌矫治和帮扶力量。例如，农村地区学校普遍缺乏专业的心理健康支持，难以对学生的心理问题进行有效干预，使得学生欺凌的高发态势难以得到控制。

（4）个人情绪宣泄

留守家庭缺乏主要抚养者的有效参与，导致孩子缺乏社会互动和情感支持，只能转而从同伴关系中寻求存在感。一方面，长期被忽视的留守子女面对焦虑、急躁等负面情绪，更倾向于用欺凌手段发泄，以在同伴群体中获得"存在感"；另一方面，情感支持的匮乏会使一些性格内向的留守子女更容易成为被欺凌者。

三、农村学生欺凌的治理难度

多主体共同参与是学生欺凌防治的一项基本原则，然而农村地区学校学生欺凌的防治中家庭教育职责缺位，学校的管理、保护职能无法落实，难以形成多主体的治理合力。

1. 家庭教育主体缺位

家庭教育主体缺位是农村学生欺凌治理困难的内因。一方面，留守子女的家庭呈现出内部结构失衡状态。农村留守老人难以对处于青春期的未成年人形成有效震慑和管教，学生基本处于"放任自流"状态。另一方面，留守家庭处于外部社会功能不健全的状态，难以与学校形成有效协作。农村留守的祖辈老人缺乏与学校开展沟通合作的能力，留守子女的父母也仅能通过线上的方式与欺凌者进行沟通，或对其训诫，难以与学校联合实施更加有效的惩戒或帮扶措施。

2. 人情文化复杂

人情文化复杂是农村学生欺凌治理困难的外因。农村社会的人际关系具备相当的复杂性，学校难以形成非常有效的介入机制，无法充分发挥应有的教育、管理、保护作用。在农村，人们往往注重人情往来，同村或邻村的村民基本互相熟识，其社会秩序和个体行为常受到宗族观念及亲情关系的影响。传统秩序和社会关系网络一方面维系了社区的稳定性和凝聚力，另一方面却也导致农村地区社会关系问题处理的内部化。因此，学生间的矛盾冲突往往被视为私人间事务，家人秉持着"小事化了"的态度，不愿因小孩事务与乡里乡亲"结仇"，最终导致学生欺凌更加难以被学校发现和介入。

第二节　为何会发生农村学生欺凌

情景引入

在一座偏远小镇，中职生小叶子的父母为了生计远赴他乡，将其交由奶奶照料。一天，小叶子像往常一样独自穿过一片田野时，大玲突然带着几个同学从旁边的小路走了出来。她们挡住了小叶子的去路，用粗暴的言语辱骂小叶子，嘲笑她的衣着和家庭。小叶子的脸上写满了无助和恐惧，她试图绕过大玲，但大玲伸出手，用力推搡她。红红等同学则在一旁起哄，甚至有人捡起地上的石子，向小叶子扔去。

请思考：

1. 是什么原因导致大玲、红红等同学选择小叶子作为欺凌对象？

2. 小叶子在遭受欺凌后，应当如何"自救"？

从教育主体的视角进行分析，农村学生欺凌多发可以归因于家庭、学校和社会，具体包括家庭教育功能减弱、学校教育与保护职责发挥不足、社会协同教育力量不够三个方面。

一、家庭教育功能的减弱

家庭作为培养个人成长的首要环境，对塑造人的价值观和行为模式具有决定性影响。一般而言，学生出现的不良行为都可以从其家庭中找到根源。

1. 家庭结构的变化与影响

在农村，由于大量农民进城务工，父母在孩子的成长过程中长时间缺位，家庭往往呈现拆分型特点。所谓拆分型就是家庭结构不完整，具体表现为隔代家庭、单亲家庭、单亲隔代家庭，在此类家庭结构下，父母可能与子女长期分离。缺乏父母的直接指导，加之祖辈在教育方法和法律意识上的不足，容易导致"养而不教"局面的产生。这种状况使得孩子在面对学习、生活的挑战时，缺乏必要的应对欺凌的技能。由此，学生不仅难以妥善处理问题，还容易成为冲突中的被欺凌者，尤其是在力量悬殊的情况下，身体较弱的学生更易遭受欺凌。而在欺凌发生后，同样由于缺乏必备的指导，欺凌者可能享受欺凌行为带来的快感，进而持续做出欺凌行为，而被欺凌者可能不知道该如何应对欺凌的发生。

2. 父母监护责任的缺失

在农村家庭中，父母对孩子的关怀有时存在缺失。这种亲情缺失使得学生的家庭生活氛围不尽如人意，压抑冷漠的家庭环境难以让学生健康地成长，导致学生产生孤独感，无法排解自己的情绪和烦恼；在人际交往中，其性格也逐渐变得冷漠孤僻，导致其成为欺凌的实施者或者被欺凌的目标。

二、学校教育与保护职责的不足

学校教育最重要的功能是向学生传递知识和技能、提升学生综合素养。农村地区的学校易发生学生欺凌的原因是多方面的，值得重视。

1. 教育资源的不均衡

目前农村教育资源和城市相比仍显落后，学校的高水平管理者、教师比例较低。学校对于学生的欺凌预防教育水平不高，缺乏欺凌预防教育的课程资源、专门人员和有效指导。同时，农村地区学校硬件设施较差，缺乏必要的技术条件对学生欺凌进行预防。

2. 欺凌防治机制的不完善

目前，农村地区学校对学生欺凌的处置方法有所失当。在农村学校，对于学生欺凌防治工作理解程度不高的教师，仍以"维稳优先"的态度尽量平息欺凌事件，避免被领导和上级部门问责。此外，如前所述，农村地区学校对学生欺凌事件的介入，往往会因农村内部人情关系而受到排斥，使得学校难以实质落实其教育、保护职责。即使教师对学生欺凌事件进行处理，往往也难以做到"依法处置"，因为没有规范的流程和恰当的方法。同时，农村地区学校对学生欺凌预防的相关知识和技能教育不足。当前农村地区学校教育心理咨询课程缺位，学校也缺乏科学的欺凌知识课程和教授方法，导致学校、班主任和任课教师较少在教学管理过程中向学生传授处理自身不当情绪及应对学生欺凌的方法，也就是学生欺凌的相关知识和技能。

三、社会协同教育力量的不足

一般来说，政府部门、司法部门、乡镇政府、村委会、居委会、法律工作者等主体应该成为农村学生欺凌防治的重要主体，然而，这些关键角色的作用并未在农村学生教育与保护中得到充分发挥，其他主体作用也被忽视。因此社会协同教育力量不足，也会导致农村地区学校的学生欺凌态势无法得到有效遏制。

1. 社会环境滋生学生欺凌行为的形成

农村地区的社会环境因素在学生欺凌行为的形成中扮演了关键角色。和城市社区相比，农村地理位置较为偏僻、设施陈旧、条件较差，加之一些陈规陋习的存留，导致了不良社会风气的出现。此外，由于当前我国农村基层治理仍有进步空间，不良风气对学生欺凌的影响并未得到充分重视。农村学生在这种不良风气的影响之下，容易形成欺凌他人的习惯。

2. 基层组织未能发挥欺凌防治的作用

实践层面，农村地方教育行政部门、司法机关和基层治理组织重视程度不足。根据《中华人民共和国预防未成年人犯罪法》第二十一条规定，教育行政部门要协助学校开展欺凌防治相关的法治教育、心理健康教育等。《中华人民共和国未成年人保护法》第十一条也规定，"村委会"作为与未成年人利益紧密相关的主体，发现未成年人受侵害情形时应及时劝阻、制止，履行其"强制报告责任"。但现实中，农村地区乡镇政府和村委会的学生欺凌法治观念落后，难以发挥应有的社会教育功能。此外，农村地区学校分布较为分散偏僻，区、县级的法院或检察院难以与其建立紧密联系，即使配备了法治副校长，也无法保证其切实参与法治教育和防欺凌制度建设等活动。

3. 难以获得社会主体提供的专业力量

城市地区的学校得益于较为发达的社会资源，往往能够聘请专业律师作为法律顾问，专门处理校内学生纠纷。在中等职业教育资源丰富的城市中，中职学校还有机会邀请法治教育专家、司法工作人员举办专题讲座，为中职学生欺凌问题提供专业的咨询和灵活的解决方案。然而，这些优势的发挥依赖于地区的综合发展水平。对于农村地区学校而言，受资源限制，其往往难以获得同样丰富和优质的社会教育资源。

第三节　农村学生欺凌如何防治

　　早晨，李老师在巡视校园时，发现身材瘦小的小雄被胖虎等几个同学围在学校的僻静角落嘲笑、推搡。李老师立即上前制止，并将这一事件上报给德育室王主任。然而学校发现小雄的父母都在外地打工，家中只有年迈的爷爷，难以给小雄提供及时的支持和保护。因此，李老师和王主任决定联合当地村委会召开会议，提高大家对欺凌问题的认识，通过成立联合保护小组，提供及时救济，确保学生安全，并教导学生在面对欺凌时学会报告、敢于反抗。

　　请思考：

　　1. 仅凭学校力量能不能妥善处理本次事件？

　　2. 村委会对防范农村学生欺凌可以采取哪些措施？

　　农村学生欺凌问题是一个复杂的法律议题，需要多方面的共同努力来解决。其中，政府机构、教育机构、教师团队、家长或法定监护人，以及社会组织都扮演着不可或缺的角色，必须相互协作与配合。在这一过程中，父母或其他监护人，学校与教师，以及基层组织的作用最为关键。由此，以家庭教育为基础，以学校为重要责任主体，发挥基层政府的主导性职能，形成多元基层组织共同参与的协同治理机制。只有家庭、学校和社会三个层面有机联动，才能有效应对并解决农村学生欺凌问题。

一、落实父母或者其他监护人的家庭教育职责

　　家庭教育是一个人融入社会生活的起点，在广大农村地区，很多家长外出务工，无法切实履行相应的家庭教育职责，对子女疏于管教。留守子女因为缺欠照护而极有可能成为欺凌者或者被欺凌者。因此，预防和治理农村学生欺凌，首先需要落实家庭教育职责。

1. 落实家庭教育法定义务

父母、监护人积极履行相关职责，已成为法定义务。根据《中华人民共和国家庭教育促进法》的规定，父母或监护人必须做到：

（1）牢固树立自身对未成年人的责任意识

事实上，很多农村学生的父母、监护人，没有认识到自身承担的家庭教育主体责任，导致农村地区学校学生欺凌愈演愈烈，甚至造成严重后果。《中华人民共和国家庭教育促进法》第十四条明确规定：“父母或者其他监护人应当……承担对未成年人实施家庭教育的主体责任。”这种责任意识应当厚植于农村学生家长、监护人的思想中，使其切实落实《中华人民共和国家庭教育促进法》第十四条至第二十三条规定的家庭教育职责。

（2）加强亲子陪伴，力求亲自养育

亲子陪伴对于防治学生欺凌是极为重要的。然而，亲子陪伴对于农村学生的父母来说更加稀有、更加困难，因此需要投入更多关注，加以补充和增强。

2. 进一步提升家庭教育能力

（1）提供法律支持

《中华人民共和国家庭教育促进法》基于家庭教育的特殊定位，法条用语多采取柔性处理方式。就立法而言，用语的模糊性使得家庭教育的弹性空间较大，为父母、监护人提升家庭教育能力提供了规范空间。事实上，以《中华人民共和国家庭教育促进法》的立法精神为宗旨，很多提升父母、监护人家庭教育能力的行为均是可以得到法律认可的。比如，农村学生的父母、监护人可以通过增加陪伴，熟悉孩子的特点，更好地开展家庭教育活动。

（2）明确不同主体的学生欺凌防治职责

需要指出的是，根据农村学生在欺凌中的不同角色，父母、监护人应当履行不同的防治职责。如果学生是被欺凌者，父母、监护人应当为其提供及时和具有针对性的救济，及时报告学校或有关部门，配合事件调查，履行好监护职责。而如果学生是欺凌者，父母、监护人则应当在发现时及时制止，并进行劝导和管教，让其接受学校的训导、教育，配合调查，接受处理。

（3）发挥家庭教育指导令的督促作用

当父母、监护人怠于行使职责，导致农村学生权益受到损害或面临相关危险时，还可以采用家庭教育指导令等外部手段加以干预和督责。根据《中华人民共和国家庭教育促进法》第四十九条规定，人民法院可以适用家庭教育指导令来督促和保障父母落实家庭教育责任。可以对父母、监护人"养而不教"的违法行为进行适当惩戒，同时通过惩戒对相关父母、监护人实施教育。相比于城市，农村生活的父母更有可能因为各种原因怠于或规避履行教育职责，人民法院可以针对农村生活的具体特点，设置能够兼顾父母、监护人和学生各方利益和诉求的家庭教育指导令，这也能够更好地落实《中华人民共和国家庭教育促进法》的立法精神。

二、强化农村地区学校在学生欺凌防治中的主体责任

学校是学生欺凌防治工作的关键主体。长期以来，农村地区学校及其教师对学生欺凌问题认识不够，这导致农村地区学校的场域之中发生了一些恶性学生欺凌案件。因此，在农村学生欺凌协同治理的框架下，必须强化学校的主体责任。

1. 强化学校主体责任

在 2017 年《加强中小学生欺凌综合治理方案》，以及 2021 年《防范中小学生欺凌专项治理行动工作方案》《中华人民共和国未成年人保护法》《未成年人学校保护规定》等规范性文件中，都规定了学校在学生欺凌防治工作中的职责和工作内容。具体到农村环境中，农村地区学校应当明确立场，严肃认真地对待每一起学生欺凌事件。

（1）教育惩戒

在惩戒问题上，学校可以将学生欺凌分为"较轻微的欺凌""较严重的欺凌"和"严重的欺凌"三个层级进行认定，根据不同层级加以惩戒。对于"较严重的欺凌"，学校可以给予欺凌的学生不超过一周的停课停学等处分。如果是"严重的欺凌行为"，学校可以依法实施将相关学生送往专门矫治教育学校等惩戒措施。中职教育阶段，学校还可以对学生实施"开除学籍"的纪律处分。

（2）防欺凌教育

学校还应当加强师生防欺凌教育，调查欺凌线索，保护举报人。学校还应当更加能动地发挥自身的主体性作用。比如，建立"学校—班级—学生"的分层式欺凌防范策略，并将其纳入学校的制度规范中。学校也可以通过模拟情境，举办校园剧等形式，让学生充分地感知情境，传递学生欺凌的破解之法，引导学生理性讨论其使用方式、适用范围及注意事项等，从而营造出防治学生欺凌的应有氛围。

（3）建立专门的学生欺凌防治队伍

考虑到农村地区学校师资薄弱、水平不高的现状，应当以校长为防治队伍的第一责任人。一方面，选择本校教师中的精干力量，形成工作团队，设置团队章程，做到依章办事。另一方面，积极向城市学校借鉴经验，邀请适合的防治学生欺凌志愿者加入队伍。应当协调外部资源，对农村教师进行专项培训，提高思想认识，转变不正确或不科学的认知，切实提升工作能力，提升准确辨别、捕捉学生欺凌的信息或现象的能力。以防治队伍为中坚力量，农村地区学校应当发挥防治农村学生欺凌主阵地的作用。

2. 强化农村教师责任

在学校环境中，教师与学生的日常接触最为频繁，这使得他们在处理学生欺凌问题上扮演着至关重要的角色。特别是在农村地区，教师不仅是学生行为的监督者和干预者，还是知识与信息的传递者，同时肩负着与家长沟通、协调的桥梁角色，需要不断学习有关欺凌预防和应对的知识，以更好地履行教育和保护学生的职责。具体而言，农村教师的相关责任可以细化如下：

（1）对留守子女或"困境未成年人"等特殊群体进行重点关注

因为留守子女或"困境未成年人"等群体是学生欺凌的高发对象，教师应当做好相关工作预案。鉴于农村地区教师自身的素质、能力和水平参差不齐，应对其进行更具针对性的培训。

（2）对相关欺凌行为进行制止和惩戒

惩戒的具体措施应以《中小学教育惩戒规则（试行）》第八条规定为准据。考虑到农村地区学校有其特殊性，教师的学生欺凌防治意识还有待加强，故对学生的惩戒更应注意遵守《中小学教育惩戒规则（试行）》第十二条所规定的禁止事项。

（3）进行实时沟通并向学校如实汇报

在学生欺凌发生之后，教师需要全面了解学生在家的具体情况，并结合其在校表现作出研判，及时联系学生家长、监护人，并如实向学校汇报。如果刻意隐瞒不报、搪塞欺骗，造成严重后果的，教师应当承担相应的法律责任。在预防问题上，教师也应当积极联络家长，指导其配合学校工作。需要指出的是，在农村生活实际中，一些家长、监护人出于务工等原因缺位于学生的家庭教育，农村教师应当通过家校衔接、沟通，起到一定的补充、缓解作用。

（4）提升欺凌防治能力

通过教育努力提升教师欺凌防治的能力。学校和教育主管部门，可以向教师提供培训指南、讲义和"行为反馈表"等反欺凌工具。要求教师观察、了解学生行为，培养其情感教育技能、激励性教育方法等。[1]

3. 健全家校社欺凌联防机制

2024 年新修订的《中华人民共和国未成年人保护法》和 2021 年新修订的《中华人民共和国预防未成年人犯罪法》等法律明确规定了乡镇政府、村民委员会（以下简称"村委会"）等基层政府和群众自治组织保护未成年人、预防其犯罪的法定职责。以此为基础，乡镇政府、村委会也应当在协同治理农村学生欺凌工作中担当重要职责。

（1）发挥政府的主导作用

乡镇政府是实施国家法治和基层治理的关键层级，需要积极协调并汇集各方资源，以强化学校在预防和处理学生欺凌方面的工作。《中华人民共和国未成年人保护法》第八十一条规定了乡镇政府和村委会在未成年人保护工作中的职责。根据《中华人民共和国未成年人保护法》《中华人民共和国预防未成年人犯罪法》等法律的规定，乡镇基层政府应当在防治农村学生欺凌方面发挥以下职责：

1　余雅风、吴会会：《开展专项教育：实现校园欺凌的标本兼治》，载《中国教育法制评论》2020 年第 1 辑。

一是受理与农村学生欺凌有关的各类检举和控告，依法及时受理、处置，并以适当方式将处理结果告知相关单位和人员（《中华人民共和国未成年人保护法》第十一条）；

二是监督未成年人委托照护情况，如果发现欺凌行为发生，或发现被委托人缺乏照护能力、怠于履行照护职责等情况，从而有发生欺凌可能性的，应当及时处理或干预（《中华人民共和国未成年人保护法》第四十三条）；

三是在农村做好法治宣传教育，尤其是要宣讲反对学生欺凌、保护未成年人的法律法规（《中华人民共和国未成年人保护法》第四十三条）。可以通过乡镇带领社区村组学习的模式，引导父母或者其他监护人强化监护主体责任意识，依法尽责。[1]

四是设立未成年人保护工作站或指定专门人员，及时办理与学生欺凌相关事务（《中华人民共和国未成年人保护法》第八十一条）。

五是协调农村的人民团体、社会组织、企业事业单位、村委会、学校、家庭等，共同做好防治农村学生欺凌的工作（《中华人民共和国预防未成年人犯罪法》第四条）。

（2）发挥村委会的重要作用

村委会在防治农村学生欺凌方面也承担着极为重要的职责。根据《中华人民共和国未成年人保护法》《中华人民共和国预防未成年人犯罪法》的规定，村委会的职责涵盖以下方面：及时向乡镇政府报告与农村学生欺凌有关的情况；设置专人专岗负责农村学生欺凌事宜；配合乡镇政府做好与农村学生欺凌有关的普法宣传和法治教育工作；对于不依法履行监护职责，致使发生农村学生欺凌的学生父母或者其他监护人，予以劝诫、制止，情节严重的，应当及时向公安机关报告；参与对农村学生欺凌者的矫治教育。此外，村委会应当根据农村生活的实际，发展出更有效的防范农村学生欺凌的措施，如可以将农村中的留守子女划分网格，与网格员配合，建立针对留守子女常态化的网格管理机制。该机制的核心就是村委会，其应当通过网格管理模式掌握和了解本网格内留守子女的基本情况[2]，从而牢牢守住杜绝农村学生欺凌的第一关。

1　吴霓：《我国农村留守儿童关爱服务体系的政策、实践与对策研究》，载《湖南师范大学教育科学学报》2021年第5期。

2　严运楼、邢远阁：《农村留守儿童的网格化治理方式》，载《重庆社会科学》2016年第7期。

此外，农村基层社会的派出所、司法所等基层组织也都应当在防治学生欺凌方面发挥应有的作用。由乡镇政府和村委会等各类基层组织共同参与的农村学生欺凌防治机制，能够发挥强大的规制、预防作用和显著的社会教育功能。

案例解析

　　放学后，小雄像往常一样独自走在回家的乡间小道上，手里拿着几本书。突然，胖虎带着几个同学从旁边的小路走了出来，挡住了小雄的去路。胖虎用嘲讽的语气对小雄说："看看我们的书呆子，又去借了这些没用的书。"一旁，小夫等几个同学也跟着起哄。小雄试图绕过他们，胖虎却伸出手，用力推搡小雄，导致其跌倒在泥泞的路上。这时，阿蒙正好路过，勇敢地上前制止了胖虎的行为，并对胖虎说："你们这样做是不对的，每个人都应该被尊重。"胖虎等人被阿蒙的勇气震慑，悻悻地离开了。阿蒙帮助小雄站起来，并将这一事件报告给班主任李老师。李老师得知后，对胖虎等人进行了教育惩戒，同时召集了一次班会，讨论如何预防和处理农村学生欺凌问题。

　　在本案例中，李老师应当采取哪些措施来预防和制止欺凌行为？

法条链接

《中华人民共和国预防未成年人犯罪法》第四条

　　预防未成年人犯罪，在各级人民政府组织下，实行综合治理。

　　国家机关、人民团体、社会组织、企业事业单位、居民委员会、村民委员会、学校、家庭等各负其责、相互配合，共同做好预防未成年人犯罪工作，及时消除滋生未成年人违法犯罪行为的各种消极因素，为未成年人身心健康发展创造良好的社会环境。

《中华人民共和国预防未成年人犯罪法》第二十一条

教育行政部门鼓励和支持学校聘请社会工作者长期或者定期进驻学校，协助开展道德教育、法治教育、生命教育和心理健康教育，参与预防和处理学生欺凌等行为。

《中华人民共和国家庭教育促进法》第十四条

父母或者其他监护人应当树立家庭是第一个课堂、家长是第一任老师的责任意识，承担对未成年人实施家庭教育的主体责任，用正确思想、方法和行为教育未成年人养成良好思想、品行和习惯。

共同生活的具有完全民事行为能力的其他家庭成员应当协助和配合未成年人的父母或者其他监护人实施家庭教育。

《中华人民共和国家庭教育促进法》第十五条

未成年人的父母或者其他监护人及其他家庭成员应当注重家庭建设，培育积极健康的家庭文化，树立和传承优良家风，弘扬中华民族家庭美德，共同构建文明、和睦的家庭关系，为未成年人健康成长营造良好的家庭环境。

《中华人民共和国家庭教育促进法》第十六条

未成年人的父母或者其他监护人应当针对不同年龄段未成年人的身心发展特点，以下列内容为指引，开展家庭教育：

（一）教育未成年人爱党、爱国、爱人民、爱集体、爱社会主义，树立维护国家统一的观念，铸牢中华民族共同体意识，培养家国情怀；

（二）教育未成年人崇德向善、尊老爱幼、热爱家庭、勤俭节约、团结互助、诚信友爱、遵纪守法，培养其良好社会公德、家庭美德、个人品德意识和法治意识；

（三）帮助未成年人树立正确的成才观，引导其培养广泛兴趣爱好、健康审美追求和良好学习习惯，增强科学探索精神、创新意识和能力；

（四）保证未成年人营养均衡、科学运动、睡眠充足、身心愉悦，引导其养成良好生活习惯和行为习惯，促进其身心健康发展；

（五）关注未成年人心理健康，教导其珍爱生命，对其进行交通出行、健康上网和防欺凌、防溺水、防诈骗、防拐卖、防性侵等方面的安全知识教育，帮助其掌握安全知识和技能，增强其自我保护的意识和能力；

（六）帮助未成年人树立正确的劳动观念，参加力所能及的劳动，提高生活自理能力和独立生活能力，养成吃苦耐劳的优秀品格和热爱劳动的良好习惯。

《中华人民共和国家庭教育促进法》第十七条

未成年人的父母或者其他监护人实施家庭教育，应当关注未成年人的生理、心理、智力发展状况，尊重其参与相关家庭事务和发表意见的权利，合理运用以下方式方法：

（一）亲自养育，加强亲子陪伴；

（二）共同参与，发挥父母双方的作用；

（三）相机而教，寓教于日常生活之中；

（四）潜移默化，言传与身教相结合；

（五）严慈相济，关心爱护与严格要求并重；

（六）尊重差异，根据年龄和个性特点进行科学引导；

（七）平等交流，予以尊重、理解和鼓励；

（八）相互促进，父母与子女共同成长；

（九）其他有益于未成年人全面发展、健康成长的方式方法。

《中华人民共和国家庭教育促进法》第十八条

未成年人的父母或者其他监护人应当树立正确的家庭教育理念，自觉学习家庭教育知识，在孕期和未成年人进入婴幼儿照护服务机构、幼儿园、中小学校等重要时段进行有针对性的学习，掌握科学的家庭教育方法，提高家庭教育的能力。

《中华人民共和国家庭教育促进法》第十九条

未成年人的父母或者其他监护人应当与中小学校、幼儿园、婴幼儿照护服务机构、社区密切配合，积极参加其提供的公益性家庭教育指导和实践活动，共同促进未成年人健康成长。

《中华人民共和国家庭教育促进法》第二十条

未成年人的父母分居或者离异的，应当相互配合履行家庭教育责任，任何一方不得拒绝或者怠于履行；除法律另有规定外，不得阻碍另一方实施家庭教育。

《中华人民共和国家庭教育促进法》第二十一条

未成年人的父母或者其他监护人依法委托他人代为照护未成年人的，应当与被委托人、未成年人保持联系，定期了解未成年人学习、生活情况和心理状况，与被委托人共同履行家庭教育责任。

《中华人民共和国家庭教育促进法》第二十二条

未成年人的父母或者其他监护人应当合理安排未成年人学习、休息、娱乐和体育锻炼的时间，避免加重未成年人学习负担，预防未成年人沉迷网络。

《中华人民共和国家庭教育促进法》第二十三条

未成年人的父母或者其他监护人不得因性别、身体状况、智力等歧视未成年人，不得实施家庭暴力，不得胁迫、引诱、教唆、纵容、利用未成年人从事违反法律法规和社会公德的活动。

《中华人民共和国家庭教育促进法》第四十九条

公安机关、人民检察院、人民法院在办理案件过程中，发现未成年人存在严重不良行为或者实施犯罪行为，或者未成年人的父母或者其他监护人不正确实施家庭教育侵害未成年人合法权益的，根据情况对父母或者其他监护人予以训诫，并可以责令其接受家庭教育指导。

《中华人民共和国未成年人保护法》第十一条

任何组织或者个人发现不利于未成年人身心健康或者侵犯未成年人合法权益的情形，都有权劝阻、制止或者向公安、民政、教育等有关部门提出检举、控告。

国家机关、居民委员会、村民委员会、密切接触未成年人的单位及其工作人员，在工作中发现未成年人身心健康受到侵害、疑似受到侵害或者面临其他危险情形的，应当立即向公安、民政、教育等有关部门报告。

有关部门接到涉及未成年人的检举、控告或者报告，应当依法及时受理、处置，并以适当方式将处理结果告知相关单位和人员。

《中华人民共和国未成年人保护法》第四十三条

居民委员会、村民委员会应当设置专人专岗负责未成年人保护工作，协助政府有关部门宣传未成年人保护方面的法律法规，指导、帮助和监督未成年人的父母或者其他监护人依法履行监护职责，建立留守未成年人、困境未成年人的信息档案并给予关爱帮扶。

居民委员会、村民委员会应当协助政府有关部门监督未成年人委托照护情况，发现被委托人缺乏照护能力、怠于履行照护职责等情况，应当及时向政府有关部门报告，并告知未成年人的父母或者其他监护人，帮助、督促被委托人履行照护职责。

《中华人民共和国未成年人保护法》第八十一条

县级以上人民政府承担未成年人保护协调机制具体工作的职能部门应当明确相关内设机构或者专门人员，负责承担未成年人保护工作。

乡镇人民政府和街道办事处应当设立未成年人保护工作站或者指定专门人员，及时办理未成年人相关事务；支持、指导居民委员会、村民委员会设立专人专岗，做好未成年人保护工作。

思考题

1. 分析农村学生欺凌行为的隐蔽性特征，并讨论这种隐蔽性如何影响欺凌行为的发现和干预。结合本讲内容，提出你认为有效的策略来提高欺凌行为的可识别性。

2. 讨论家庭教育在预防和处理农村学生欺凌中的重要性。考虑《中华人民共和国家庭教育促进法》的相关规定，提出具体的家庭教育措施，帮助家长更好地履行其教育职责。

（提示：结合本讲第三节内容，思考《中华人民共和国家庭教育促进法》中规定的父母责任，以及家长如何教育孩子提高自我保护意识、履行尊重他人的行为准则，并考虑家庭教育中可以展开的具体活动和教育方法。)

3. 分析学校在预防和处理学生欺凌中应承担的责任,讨论如何通过学校教育系统加强师生防欺凌教育,并提出具体的实施建议。

(提示:结合本讲第三节内容,分析学校如何通过制定明确的规章制度、开展反欺凌教育和建立有效的监督机制来预防和处理学生欺凌,同时考虑学校如何与家长、社区合作,共同营造一个安全的学习环境。)

4. 思考如何通过政府支持、社会组织参与和村委会动员来构建一个有效的社会支持系统?

(提示:结合本讲第三节内容,考虑农村地区社会资源相对匮乏的现实,思考如何通过建立协调机制、明确各方职责和加强沟通合作来实现多主体的有效合作,同时考虑在实际操作中可能遇到的问题和解决方案。)

课程目标

1. 了解学生欺凌"预防"立法的基本内容。
2. 掌握学生欺凌各相关主体的具体职责。

课程介绍

　　学生欺凌并非孤立的个体事件，而是一项重大的社会公共问题。我国学生欺凌立法整体上包括"预防—认定和处置"两个部分。学生欺凌的预防工作，旨在让学校、教师、家长重视欺凌问题并严肃对待，让学生从思想意识层面认识到欺凌行为是错误的，学会控制自身行为。学生欺凌的认定和处置工作，目的是在欺凌事件发生后，实现公平、公正、妥善的解决，使校园和班级恢复正常秩序。

第一节　我国学生欺凌立法有哪些

情景引入

　　2021年《中华人民共和国未成年人保护法》修订后，中职学校高度重视学生欺凌防治工作，成立了"学生欺凌治理委员会"，制定并执行学生欺凌防范制度。为了增强教职工、学生、家长的防欺凌意识，学校加强培训、宣传，法治副校长、德育分管校长经常开设专题讲座。学校还出台了《学校学生欺凌认定与处置办法》，规定了学生欺凌的详细认定流程和处置措施，以及对被欺凌者的帮扶措施。

请思考：

我国学生欺凌立法对学校的防学生欺凌制度建设提出了什么要求？

我国教育法律、行政法规、地方性法规、部门规章及部门规范性文件等法律文件中都有关于学生欺凌的专门立法。上述立法为学生欺凌的"预防"与"认定和处置"工作提供了明确的指引。

一、学生欺凌的"预防"立法

学生欺凌预防法治体系指在"预防为主，教育优先"原则的指引下，通过教育手段和制度建设，培养学生、家长、教师反欺凌的思想意识和应对技能，实现欺凌防治工作的重心从消极事后补救向积极事先预防转变，从根本上降低学生欺凌发生的几率。其基本内容包括：

1. 欺凌防治的教育和培训制度

教育行政部门、学校、教师、家长均为防欺凌教育的实施主体。

（1）教育行政部门

根据《中华人民共和国预防未成年人犯罪法》第二十二条第一款的规定，教育行政部门可以从预防未成年人犯罪的角度出发，举办讲座、座谈、培训等活动，为教职员工、未成年学生的父母或者其他监护人提供指导。

（2）学校

《中华人民共和国未成年人保护法》第三十九条规定要求学校应当对其教职员工和学生进行系统的防治学生欺凌的教育和培训，对欺凌事件中的相关学生家长展开家庭教育指导。

（3）教师

《中华人民共和国教师法》第八条第二项规定教师有"执行学校教学计划""完成教育教学工作任务"的义务。实践中，教师应当配合完成学校的防欺凌教学计划，并在日常授课中渗透反欺凌理念。

（4）家长

根据《中华人民共和国家庭教育促进法》第十六条第五项的规定，未成年人的父母或者其他监护人应当根据未成年人的身心发展特点为其提供必要的防欺凌教育。

2. 欺凌防治的队伍与制度建设

教育行政部门、学校应当完善防欺凌的队伍与制度建设。在欺凌制度建设上面，根据《中华人民共和国预防未成年人犯罪法》第二十条规定的要求，教育行政部门负责会同其他部门完善学生欺凌防控制度建设；学校应当在此基础上进一步制定校内的学生欺凌发现和处置工作流程。《中华人民共和国未成年人保护法》第三十九条规定："学校应当建立学生欺凌防控工作制度。"

在欺凌防治队伍的建设上，《中华人民共和国预防未成年人犯罪法》第二十一条规定，教育行政部门应当鼓励和支持社会工作者进入学校参与学生欺凌的认定和处置。《未成年人学校保护规定》第十九条规定，学校应当成立多方主体参与的学生欺凌治理组织（其命名可以为"学生欺凌治理委员会"），负责欺凌防治中的教育、认定、矫治、援助等各项工作。

3. 定期的欺凌调查与评估制度

学校要监测校内学生欺凌发生情况，及时排查可能的欺凌事件。根据《中华人民共和国预防未成年人犯罪法》第二十条的规定，学校不仅要负责防止学生欺凌的发生，还需要对校内可能导致欺凌的隐患进行持续监测和分析，及时发现并消除各类隐患。

《未成年人学校保护规定》第十九条第二款规定学校对校内定期展开防欺凌专项调查，对校内欺凌情况进行评估，排查是否存在不易被发现的欺凌事件。

二、学生欺凌的"认定和处置"立法

学生欺凌"认定和处置法治体系"的基本内容包括：

第一，学校应当建立健全学生欺凌事件的认定机制，对欺凌者的行为是否构成欺凌进行认定。

依照《中华人民共和国未成年人保护法》第三十九条第二款和《未成年人学校保护规定》第二十三条第一款规定，在发生疑似欺凌事件时，学校应及时启动调查程序，通过全面收集证据和多方共同参与，准确界定事件的性质。

第二，根据欺凌事件的认定结果，学校应对欺凌行为人采取相应的惩戒或处分措施。

学校应当按照《中华人民共和国未成年人保护法》第三十九条第三款、《未成年人学校保护规定》第二十三条第一款的规定，对欺凌者实施必要管教。其具体措施涉及与《中华人民共和国预防未成年人犯罪法》和《中小学教育惩戒规则（试行）》中教育惩戒或纪律处分相关规定的衔接。一般来说，可以将学生欺凌划分为较轻微、较严重、严重三个层级，根据欺凌后果的严重程度，采取对应的惩戒措施。

第三，学校应当对被欺凌者提供必要的支持和保护。

依照《中华人民共和国未成年人保护法》第三十九条第二款及《未成年人学校保护规定》第十八条、第四十九条第二款的规定，对被欺凌者的帮扶应当包括心理辅导、学业支持和生活帮助等多个方面。

第二节　学生欺凌立法对相关主体的职责要求

情景引入

班主任李老师发现胖虎一直侮辱、殴打小雄后，立刻制止并向德育室王主任进行报告。在学校"学生欺凌治理委员会"组织的认定会上，胖虎的行为被认定构成学生欺凌。然而在对胖虎的处置上，有的人认为，胖虎的行为十分恶劣，在班级里造成了严重的不良风气，应当让胖虎停课反省；有的人认为，小雄身上并没有明显的伤痕，该事件的性质并不严重，只需训诫即可。双方家长对此的态度也不一致，胖虎家长认为，胖虎没有造成小雄身体上的严重创伤；而小雄家长认为，小雄已经因此出现了抑郁症状，必须严肃处置。

请思考：

1. 学校应当怎样看待并正确处理各方意见？
2. 如何对学生欺凌进行规范化的认定和处置？

　　尽管我国关于学生欺凌已经有了较为全面的立法，但是无法囊括学生欺凌的所有情形和每个细节。学生欺凌的防治仍需根据具体情况进行灵活处理。欺凌防治中的各个相关主体应当明确自身的职责，形成明确分工，彼此协调配合，通过集体协商，促进欺凌事件中各方面利益的平衡。

一、政府职责

　　政府在学生欺凌防治工作中居于主导地位，起到统领全局、指导各参与主体行为的作用。依照《未成年人学校保护规定》第五条规定，教育行政部门应当履行对学生欺凌的"支持、指导、监督和评价"职责。

　　一方面，政府应当通过恰当履行自身职责来获取公民对其权威性与正当性的信任，通过多方合作努力而非仅凭公权力的强制性来确保法律规则的落实。例如，在欺凌预防工作中，区县级教育行政部门可以通过制定"学生欺凌防治指南"，明确学校在欺凌防治中应当做到的工作条目，要求学校落实并定期进行督导检查；在欺凌的认定和处置工作中，结合本节案例来看，教育行政部门可以参与学校的欺凌认定"准备会"，对欺凌严重程度的判断标准、认定流程等进行共同商议，使事件的处理结果获得各方的承认，减少后续的争议纠纷。

　　另一方面，政府机构内部应当形成部门间良性的协调配合，如《加强中小学生欺凌综合治理方案》要求综合治理、公检法、民政等政府部门和事业单位实现分工协作。

二、学校职责

　　学校是学生欺凌防治工作的具体实施和落实主体。[1]学校的学生欺凌防治职责包括：在预防阶段尽可能减少欺凌事件的发生；在处置阶段对欺凌事件进行认定，对欺凌者实施惩戒，对被欺凌者进行保护等。

1. 学校在欺凌预防中的职责

　　学校是学生欺凌最主要的发生场域，必须从学校的欺凌预防工作入手，切实构建未成年

　　1　任海涛：《我国校园欺凌法治体系的反思与重构——兼评11部门〈加强中小学生欺凌综合治理方案〉》，载《东方法学》2019年第1期。

人在校期间的"防护网"。

（1）加强日常管理，构建学生欺凌"零容忍"环境

学校应当从物质环境和文化环境上使学生感觉到自身是安全的、受支持的。包括在走廊、楼道、操场、宿舍楼等关键区域安装监控摄像头和照明设备；增加校内巡查，尤其针对校内较为隐蔽的区域；建立透明高效的报告系统，使师生和家长都能在第一时间报告欺凌事件。

（2）建设欺凌防治队伍和校内治理制度

学校应当成立"学生欺凌治理委员会"，全面负责学生欺凌预防和处置的各项工作。学生欺凌治理委员会的人员构成应当充分体现欺凌治理主体的多元化，包括学校领导代表、教师代表、家长代表、社区代表、派出所代表、司法部门代表、法律专家、学生代表等主体。学生欺凌治理委员会应当定期召开领导小组会议，制定工作计划、完善校内反欺凌规章制度等。

学生欺凌治理委员会下设常设机构"学生欺凌防治三人小组"，成员可以从德育主任、安全主任、青少年保护主任、心理教师，以及熟悉学生保护的其他领导或教师中选择。学生欺凌防治三人小组是快速响应和日常事务处理组织，具体负责接收欺凌事件反馈，对疑似欺凌事件进行调查、评估、处置和上报，排查学生欺凌风险，开展师生专题培训和宣传教育等。

（3）为学生、教师、家长提供防欺凌教育

学校应当为各主体开展有针对性的欺凌预防教育、认定和处置培训。对于学生，应当培养其"情绪控制能力""同理心"及"反欺凌意识和应对技能"。

对于教师，应当通过专门培训使其能够准确识别、及时干预欺凌，正确处理学生间的常见矛盾冲突和较轻微的欺凌；对于学生家长，应当为其提供必要的家庭教育指导和学习资源，教授其与孩子之间的正确的相处方式，根据孩子的表现识别孩子是否遭受或参与欺凌，还要为其提供欺凌防治的规则教育和处置技能培训。

（4）对潜在欺凌风险的发现与评估

学校应当定期通过调查问卷、访谈等形式对教师、学生及学生家长开展防欺凌专项调查，了解学生个人情况。随着教育智能化的发展，学校还可以利用监控设备，结合智能行为

分析软件对学生的异常行为、情绪状态进行捕捉，依靠技术手段更有效地发现和介入潜在的欺凌。

2. 学校在欺凌认定和处置中的职责

学校可以参照《中小学教育惩戒规则（试行）》中对违规违纪行为的分级分类思路，将学生欺凌分为"较轻微的欺凌""较严重的欺凌"和"严重的欺凌"三个层级进行认定，并在学校内建立学生欺凌"四级处置体系"，根据欺凌的危害程度和发生次数，由特定的主体负责认定和处置。对欺凌者权益产生重大影响的决定，学校应当保障其享有知情权、陈述申辩权等权利。

对于被欺凌者，学校应当及时对其开展保护和帮扶，为其提供专业的心理辅导以缓解欺凌造成的心理创伤。学校的心理咨询室、外部合作的心理健康机构，可以为学生提供长期、稳定的心理辅导支持。

表1　学生欺凌四级处置体系表

	四级、三级学生欺凌事件	二级学生欺凌事件	一级学生欺凌事件
较轻微的欺凌	√		
较严重的欺凌		√	
严重的欺凌			√

（1）四级、三级学生欺凌事件

四级、三级学生欺凌事件属于"较轻微的欺凌"。"较轻微的欺凌"应当是给被欺凌学生身体或者精神造成了一定伤害，但并未影响其正常的学习、生活的欺凌事件。

"四级欺凌事件"是首次出现、情节较轻微的欺凌事件，由班主任详细了解事件经过后自行评估认定并处置。班主任应当将欺凌行为记录在案，作为欺凌者重复实施欺凌的进一步处置依据。如果是并不严重的嘲笑、讽刺等言语欺凌行为，或并不用力的推搡等肢体欺凌，可以认为是情节较轻微的欺凌事件。本节案例中，胖虎殴打、辱骂小雄的行为并不是首次出现，情节也较为严重，因此不能由李老师自行处置，立即向王主任报告的做法是恰当的。

如果具有四级欺凌事件记录的欺凌者，又重复实施较轻微的欺凌，可以认定为"三级欺凌事件"。"三级欺凌事件"由学生欺凌防治三人小组负责认定和处置。

处置四级、三级欺凌事件时应当以"警告类惩戒"为主，根据《中小学教育惩戒规则（试行）》对"违规违纪较为轻微学生"实施教育惩戒，包括对欺凌者开展批评教育和其他惩戒措施，要求欺凌者向被欺凌者进行口头或书面道歉，并取得谅解等。

（2）二级学生欺凌事件的处置

二级学生欺凌事件属于"较严重的欺凌"。"较严重的欺凌"应当是在结果上给被欺凌学生身体或者精神造成了明显伤害，产生了较恶劣的影响的欺凌事件。经学生欺凌防治三人小组处理后又再次发生的"较轻微的欺凌"，也可以认定为"二级欺凌事件"。根据《中小学教育惩戒规则（试行）》对"违规违纪情节较重学生"实施教育惩戒，可以令其承担专门的班级公益服务任务，还可以禁止其参加集体活动。

（3）一级学生欺凌事件的处置

"一级学生欺凌事件"属于"严重的欺凌行为"，欺凌者可能涉嫌违反《中华人民共和国治安管理处罚法》和《中华人民共和国刑法》的，学校应当在了解基本事实后，及时履行"强制报告义务"，由司法机关及时介入追究欺凌者的行政或刑事责任。根据《中小学教育惩戒规则（试行）》对"严重违规违纪、影响恶劣学生"实施教育惩戒，可以令其进行不超过一周的停课反省。如有必要，可以按照法定程序，配合其家长和相关部门将其送往专门矫治教育学校[1]，甚至开除其学籍。

本节案例中胖虎长期殴打、辱骂小雄的行为，涉嫌构成二级学生欺凌事件（较严重的欺凌行为）。结合胖虎对小雄造成的伤害结果等要素判断，胖虎甚至有可能构成一级学生欺凌事件（严重的欺凌行为）。对于胖虎欺凌行为的认定和处置，必须由学生欺凌治理委员会组织进行。

1　朱萍萍：《未成年人犯罪行为与触刑行为处置措施的完善路径》，载《青少年犯罪问题》2023年第3期。

三、教师职责

1. 教师在欺凌预防中的职责

《中华人民共和国教师法》第八条规定教师有义务关心爱护全体学生，制止侵害学生权益的不法行为。班主任和其他学科教师都有义务预防欺凌行为的发生。班主任应当在班级管理和班级建设的过程中渗透反欺凌意识，充分了解学生个人情况和同学关系，关注学生个人情绪状态。班主任可以建立本班的"学生纠纷调解小组"，制定"班级反欺凌公约"，通过专题班会、家长会等形式，向学生及其家长开展防欺凌专题教育等。

2. 教师在欺凌认定和处置中的职责

学生之间发生较轻微的欺凌事件时，班主任要及时介入进行干预，避免轻微的欺凌事件进一步激化。欺凌者再次实施较轻微的欺凌时，班主任应当及时向学生欺凌防治三人小组报告，并配合作进一步调查。在本节案例中，李老师如果发现胖虎出现首次辱骂小雄的行为，可以自行处置；但是对于胖虎长期辱骂、殴打他人的行为，必须报告给学生欺凌防治三人小组。

对于胖虎实施的较严重欺凌事件，班主任李老师还应当在疑似学生欺凌行为调查时向学生欺凌治理委员会提供相关事实、证据，参加学校的评估合议等认定活动。在学生欺凌的处置阶段，李老师要根据学校的决议实施教育惩戒或其他处置措施，对欺凌者进行矫治教育，并对被欺凌者实施心理疏导等帮扶措施。

对于司法机关介入处理的严重欺凌事件，未成年人的法定代理人具有法定情形不能或者不宜到场时，有经验的教师可以接受学校委派作为"合适成年人"参与司法机关对欺凌者的处置工作，包括见证、监督整个讯问或者询问过程。[1]

四、家长职责

未成年人的父母或其他监护人应当履行对未成年人的管理和教育义务，不得随意放弃或处置其监护义务，使未成年人处于"监护缺失"的状态（如留守子女等群体）。处于"监护缺失"状态的未成年人容易受到权利侵害，也更容易受到学生欺凌问题的困扰。[2]

1　何挺：《"合适成年人"参与未成年人刑事诉讼程序实证研究》，载《中国法学》2012年第6期。

2　庞常青：《留守儿童保护视野下未成年人监护权委托法律程序研究》，载《理论学刊》2018年第2期。

1. 家长在欺凌预防中的职责

家长应当提升自身家庭教育能力，接受家庭教育指导，与学校共同配合做好预防教育。《中华人民共和国家庭教育促进法》第十六条第五项规定，家长应当关注孩子的心理健康，对其进行防欺凌安全知识教育，增强其自我保护能力。家长还应当开展预防犯罪的教育，如发现孩子心理或行为存在异常的，应当及时对其教育、劝导；发现未成年人实施不良行为的，应当及时予以制止，并进行劝导和管教。

2. 家长在欺凌认定和处置中的职责

学生欺凌当事人的家长，作为与学生欺凌事件存在重大利害关系主体的监护人，有义务参与欺凌行为的认定和处理活动。在本节案例中，胖虎的家长要配合学校的要求对胖虎加强教育和管教，必要时还需要接受学校的训导、教育，接受家庭教育指导。学校作出影响胖虎权益的决定时，胖虎的家长也具有知情权及进行陈述申辩的权利。

此外，维护和谐、安全的校园环境需要每一位学生家长的积极参与和践行。所有的学生家长应当积极行使参与学校事务的权利，为学校的学生欺凌防治工作提供意见建议。可以受邀作为"家长代表"，参与学校的学生欺凌治理工作，促进学生欺凌事件达成公平、公正的认定和处置。

五、其他社会组织和个人的职责

"网络产品和服务提供者"是《中华人民共和国未成年人保护法》规定的网络保护义务主体。网络公共空间内欺凌言论的肆意传播会对被欺凌者造成精神伤害，也会使学生失去开展正常公共讨论的环境。[1] 在网络欺凌事件中，网络服务提供者应当履行"通知—删除"义务，网络服务提供者在接到欺凌的相关通知后，应当采取措施制止网络欺凌行为，防止侵害未成年人权益的信息持续扩散。[2] 根据《未成年人网络保护条例》第二十二条第二款、第三款的规定，网络产品和服务提供者应当为网络欺凌的防治提供技术和处置机制支持，建立健全网络欺凌行为的预警预防、识别监测和处置机制。

1　吴亮：《论学生网络欺凌的法律规制模式》，载《青少年犯罪问题》2023年第2期。

2　王贞会、林苗：《校园欺凌的现象观察及其治理路径重塑》，载《中国青年研究》2021年第3期。

我国法律法规鼓励社会工作者及其他具备欺凌防治专业素养的社会组织、个人积极参与欺凌的认定和处置工作。社会组织和个人可以通过开发和提供反欺凌教育课程和培训项目、提供心理辅导服务、开展反欺凌的文化宣传、开展欺凌防治相关学术研究等，为中小学提供更加专业化、多样化的帮助。

案例解析

小雄因为成绩优异，遭到同学小夫等人的嫉妒。小夫在微信朋友圈、班级群和其他社交媒体上发布了关于小雄的不实言论。小夫称小雄的成绩是通过作弊取得，还PS了聊天记录进行传播。小夫捏造的虚假事件迅速扩散，学校的其他学生甚至家长均知晓了此事，给小雄造成了极大困扰。经医院诊断，小雄患上了严重的抑郁症、焦虑症。

小雄和家长选择将此事报告班主任李老师，李老师了解到情况后，立即上报了学校的学生欺凌防治三人小组。

学生欺凌防治三人小组进一步调查了事件的前因后果和基本事实，认为该事件性质恶劣、影响范围广，初步认定小夫的行为构成了学生欺凌，将报告提交给学校的学生欺凌治理委员会，建议启动正式的学生欺凌认定和处置流程。

学生欺凌治理委员会接到报告后，组织人员进行调查，收集了小夫的朋友圈截图，调查了社交媒体上该虚假消息的传播情况（浏览量、转发量、评论量等），同时和小雄、小夫进行了单独约谈，并对两人的朋友、同班同学等人展开访谈，形成了书面的谈话记录。学生欺凌治理委员会在全面掌握事实情况、收集了较为完整的证据后，通过各种途径向全校师生和其他社会人员澄清了该事件的基本事实。学校还联系了社交媒体的网络服务提供者，请求删除有关小雄的虚假信息，并加强对类似行为的监控。网络服务提供者回应迅速，删除了相关内容。

学生欺凌治理委员会决定召开认定会议，组成了专门的认定小组，包括教师代表、家长代表、派出所代表、司法部门代表、法律专家等。学校向小雄及其监护人、小夫及其监护人发送了《认定会召开告知书》，通知到校参加陈述。

在认定会上，首先，调查人员通报了前期调查情况；其次，认定小组听取了小雄及其监护人的陈述和诉求、小夫及其监护人对其行为的陈述和申辩；最后，认定小组根据主体要素、主观要素、结果要素等进行全面、充分的评估和审议后，经全体投票表决，认为小夫的行为构成"网络欺凌"，并出具了《认定报告》。学校对小夫采取"停课反省一周，由法治副校长对其进行训诫"等教育惩戒，要求其在朋友圈等社交媒体上公开赔礼道歉。

1. 请梳理本案例中学生欺凌事件的基本认定和处置流程。

（提示：班主任发现欺凌，向学生欺凌防治三人小组报告；三人小组初步认定，向学生欺凌治理委员会报告；学生欺凌治理委员会全面调查，作出认定；学校进行处置。）

2. 学校应当注意保护小夫的哪些权利？

（提示：欺凌认定过程中小夫的陈述申辩权；小夫对欺凌认定与处置结论的申诉权。）

法条链接

《中小学教育惩戒规则（试行）》第七条

学生有下列情形之一，学校及其教师应当予以制止并进行批评教育，确有必要的，可以实施教育惩戒：

（一）故意不完成教学任务要求或者不服从教育、管理的；

（二）扰乱课堂秩序、学校教育教学秩序的；

（三）吸烟、饮酒，或者言行失范违反学生守则的；

（四）实施有害自己或者他人身心健康的危险行为的；

（五）打骂同学、老师，欺凌同学或者侵害他人合法权益的；

（六）其他违反校规校纪的行为。

学生实施属于《中华人民共和国预防未成年人犯罪法》规定的不良行为或者严重不良行为的，学校、教师应当予以制止并实施教育惩戒，加强管教；构成违法犯罪的，依法移送公安机关处理。

《中小学教育惩戒规则（试行）》第八条

教师在课堂教学、日常管理中，对违规违纪情节较为轻微的学生，可以当场实施以下教育惩戒：

（一）点名批评；

（二）责令赔礼道歉、做口头或者书面检讨；

（三）适当增加额外的教学或者班级公益服务任务；

（四）一节课堂教学时间内的教室内站立；

（五）课后教导；

（六）学校校规校纪或者班规、班级公约规定的其他适当措施。

教师对学生实施前款措施后，可以以适当方式告知学生家长。

《中小学教育惩戒规则（试行）》第九条

学生违反校规校纪，情节较重或者经当场教育惩戒拒不改正的，学校可以实施以下教育惩戒，并应当及时告知家长：

（一）由学校德育工作负责人予以训导；

（二）承担校内公益服务任务；

（三）安排接受专门的校规校纪、行为规则教育；

（四）暂停或者限制学生参加游览、校外集体活动以及其他外出集体活动；

（五）学校校规校纪规定的其他适当措施。

《中小学教育惩戒规则（试行）》第十条

小学高年级、初中和高中阶段的学生违规违纪情节严重或者影响恶劣的，学校可以实施以下教育惩戒，并应当事先告知家长：

（一）给予不超过一周的停课或者停学，要求家长在家进行教育、管教；

（二）由法治副校长或者法治辅导员予以训诫；

（三）安排专门的课程或者教育场所，由社会工作者或者其他专业人员进行心理辅导、行为干预。

对违规违纪情节严重，或者经多次教育惩戒仍不改正的学生，学校可以给予警告、严重警告、记过或者留校察看的纪律处分。对高中阶段学生，还可以给予开除学籍的纪律处分。

对有严重不良行为的学生，学校可以按照法定程序，配合家长、有关部门将其转入专门学校教育矫治。

《中小学教育惩戒规则（试行）》第十一条

学生扰乱课堂或者教育教学秩序，影响他人或者可能对自己及他人造成伤害的，教师可以采取必要措施，将学生带离教室或者教学现场，并予以教育管理。

教师、学校发现学生携带、使用违规物品或者行为具有危险性的，应当采取必要措施予以制止；发现学生藏匿违法、危险物品的，应当责令学生交出并可以对可能藏匿物品的课桌、储物柜等进行检查。

教师、学校对学生的违规物品可以予以暂扣并妥善保管，在适当时候交还学生家长；属于违法、危险物品的，应当及时报告公安机关、应急管理部门等有关部门依法处理。

《中华人民共和国预防未成年人犯罪法》第三十一条

学校对有不良行为的未成年学生，应当加强管理教育，不得歧视；对拒不改正或者情节严重的，学校可以根据情况予以处分或者采取以下管理教育措施：

（一）予以训导；

（二）要求遵守特定的行为规范；

（三）要求参加特定的专题教育；

（四）要求参加校内服务活动；

（五）要求接受社会工作者或者其他专业人员的心理辅导和行为干预；

（六）其他适当的管理教育措施。

《中华人民共和国预防未成年人犯罪法》第三十三条

未成年学生有偷窃少量财物，或者有殴打、辱骂、恐吓、强行索要财物等学生欺凌行为，情节轻微的，可以由学校依照本法第三十一条规定采取相应的管理教育措施。

1. 我国的学生欺凌法治体系，围绕哪些方面对学生欺凌进行了规定？

（提示：目前我国学生欺凌法治体系形成了"预防—认定和处置"二分的基本格局，主要围绕事先的预防工作，以及欺凌发生后的认定和处置工作进行规定。）

2. 学生欺凌防治的相关法律主体有哪些？他们的职责分别是什么？

（提示：相关法律主体包括教育行政部门、学校、教师、家长、其他社会主体和个人，其具体职责详见本讲第三节的内容。）

图书在版编目(CIP)数据

学生欺凌预防教育指南：中等职业学校版 / 上海预防中小学生欺凌三年专项计划（2021—2023）项目组编；任海涛主编. -- 上海：上海人民出版社，2025.

（"上海预防中小学生欺凌三年专项计划"成果系列丛书）. -- ISBN 978-7-208-19604-9

Ⅰ. G717.4

中国国家版本馆 CIP 数据核字第 20253FJ323 号

责任编辑　冯　静　宋　晔
装帧设计　未了工作室　朱静蔚

"上海预防中小学生欺凌三年专项计划"成果系列丛书

学生欺凌预防教育指南(中等职业学校版)

上海预防中小学生欺凌三年专项计划(2021—2023)项目组　编
任海涛　主编

出　　版　上海人民出版社
　　　　　（201101　上海市闵行区号景路 159 弄 C 座）
发　　行　上海人民出版社发行中心
印　　刷　上海中华印刷有限公司
开　　本　787×1092　1/16
印　　张　9
字　　数　100,000
版　　次　2025 年 8 月第 1 版
印　　次　2025 年 8 月第 1 次印刷
ISBN 978 - 7 - 208 - 19604 - 9/G·2222
定　　价　78.00 元